I0505877

El Emprendedor que Llevas Dentro

Álvaro Mendoza

Luis Eduardo Barón

José María López Serrano

Nicolás Quintana

Amparo Jaramillo

CÉsar Vallejo Elías,

Mauricio Estrada Sánchez

Víctor Benjamín Plaza Vidaurre

Diagramación
Giancarlo Rodríguez

Corrección de Estilo
Mariela Vargas O.

Copyright 2014 Barco Enterprises LLC

Impreso por CreateSpace

Prohibida la reproducción total o parcial de este libro. Prohibida la
exhibición de este libro en cualquier plataforma digital sin
autorización de los autores.

Índice

Mi historia puede ser la tuya

Por **Álvaro Mendoza**

Llevo ya muchos años en este mundo del marketing y los negocios por Internet. De hecho, muchos me dicen que hago parte de la prehistoria, porque he estado continuamente aportando cosas en Internet desde hace muchos años. Mi primer contacto fue en 1996, pero fue a partir de 1998 que comenzó mi aventura de explorar el mundo del marketing y los negocios por Internet a través de mi sitio web.

Cuando descubrí el Internet, para mí era un mundo completamente nuevo. En aquella época nadie sabía qué era Internet como tal. Pensar en hacer transacciones por Internet era algo imposible. En aquella época apenas estábamos dando los primeros pinitos.

A nivel profesional, soy psicólogo. De hecho fui psicólogo clínico, tenía pacientes, consultorio, fui director de una clínica de salud mental en farmacodependencia en Colombia. Pero por aquellos rumbos del destino, siempre me había sentido fascinado por el mundo de la tecnología y el Internet, era como mi pasión. En aquella época estábamos viviendo una época muy triste en Colombia, de mucha violencia y narcotráfico. Además de eso, el contrato que tenía yo con el Estado vencía, no era que tuviera muchos pacientes particulares en mi consultorio y, básicamente, de la noche a la mañana, cuando se acabó el contrato, me quedé con las manos cruzadas porque no conseguía trabajo.

En ese mismo momento estaba naciendo todo esto de Internet y dije: "Bueno, si esto está naciendo en los Estados Unidos, si soy bilingüe, si tengo la posibilidad de viajar a los Estados Unidos, ¿pues por qué no tomo el próximo avión y me voy?". Y eso fue lo que hice. Recuerdo perfectamente el día: el 13 de enero de 1998 llegué a los Estados Unidos a empaparme de toda la tecnología. Ha sido toda una gran aventura sin parar desde el momento en que llegué aquí, explorando cómo era que podíamos hacer negocios por el Internet.

Mi deseo de venir a los Estados Unidos era para aprender. Aparte de aprender, uno de los secretos es haber tomado una acción inmediata en lo que yo estaba aprendiendo, independientemente de que iba a cometer errores, porque efectivamente los cometí y aún los sigo cometiendo, pero esa es la única forma en que uno puede pasar de la teoría a la práctica. Es uno de los ingredientes para tener éxito.

Además, cuando comete uno errores, debe tener la perseverancia y la constancia para levantarse y corregir el curso, sin desfallecer, porque se te van a presentar muchos problemas. En mi caso particular, cuando yo empecé nadie sabía qué eran estas cosas de Internet. La gente me decía: "Usted está loco. Está perdiendo el tiempo. ¿Qué hace 24 horas conectado a computador? Mire que usted es una persona muy inteligente, usted debería estar trabajando para una multinacional". Esas cosas lo frenan a uno o lo impulsan. Afortunadamente, para mí fue un mayor impulso porque, lamentablemente, donde uno más oposición vas a encontrar es precisamente en los seres más queridos, en la familia. El entorno más cercano es el que más te va a criticar. No lo hacen de mala gente, lo hacen porque la misma sociedad nos ha preparado para salir del colegio, pasar a la universidad y, después de la universidad, conseguir un trabajo. Ojalá que ese trabajo sea con una compañía grande, con reputación.

Y yo siempre tuve el pensamiento contrario. Siempre pensé en cómo montar mi propia empresa, cómo hacer para crecer sin tener que depender de trabajar con otras empresas. Tuve la suerte de trabajar con muy buenas empresas, y me fascinaba por ejemplo cuando yo hacía la parte de psicología. A mí me fascinaba atender pacientes, trabajar en el área de salud mental, pero hoy en día yo considero que fue una bendición haberme encontrado con el Internet y con el marketing, que son dos cosas muy diferentes. Esto me dio la posibilidad de tener una empresa y hacerla crecer, generar ingresos bien interesantes para mí y para mi familia. Pero lo más importante de todo es poder transmitir todos esos conocimientos que he adquirido a través de los años, para que muchas otras personas puedan alcanzar sus propios sueños, convertirse en emprendedores y empezar una empresa a través del Internet.

Cuando yo llegué a los Estados Unidos, realmente no había modelos de negocios. Nadie estaba vendiendo por Internet, por lo menos a nivel empresarial. Ya había tiendas electrónicas, por ejemplo Amazon estaban comenzando en esa época; ClickBank empezó en 1998. Más o menos ya empezábamos a hablar de productos digitales y todo ese tipo de cosas, pero en realidad no había un modelo o, si lo había, para mí no era claro. Todos estábamos tratando de descubrirlo en ese momento.

Fíjate que una de las cosas más brillantes que hice fue enfocarme primero en entender toda la parte técnica, no tanto de marketing, porque yo no le veía conexión a lo uno y lo otro. Yo pensé que para estar en Internet tocaba dominar la parte técnica: cómo comprar un dominio, cómo hacer un hosting, cómo hacer todo este tipo de cosas. Eso era territorio virgen para mí, pero era algo que me apasionaba.

Mi primer proyecto fue crear un directorio manual, intentando hacer una clasificación manual de recursos colombianos. Se llamaba Colombia Index y ni siquiera tuvo dominio propio. Era en algún servidor gratuito, ni siquiera era Geocities. Fue mucho antes de Geocities o, por lo menos, antes de que Geocities fuera tan conocida. Había una empresa canadiense que me daba 1 mega. Con 1 mega hoy no alcanza uno a hacer hosting de 30 segundos de un video. En aquella época prácticamente era solo texto, muy poquitas fotos; audio, ni pensarlo; video, ni pensarlo.

Una de las primeras cosas en que reparé fue en que, como estaba empezando a generar tráfico, era muy fácil. Uno encontraba a la gente muy fácilmente, porque no éramos muchos. Yo hice este directorio tanto en español como en inglés, y eso va a cobrar importancia ahora más adelante en la historia.

Una de las partes de este índice que tenía de Colombia que tuvo más éxito fue todo lo que tenía que ver con Gabriel García Márquez. En esa época empezaba Amazon.com y comenzó su programa de afiliados. Entonces, obviamente, yo vi que había tanto tráfico en Colombia Index en temas relacionados con Gabriel García Márquez que me registré como afiliado en Amazon. Empecé a colocar publicidad y, de la noche a la mañana, empecé a vender libros de García Márquez en español, en inglés, en ruso, en japonés, en todos los idiomas. Empecé en Amazon como un afiliado. Recuerdo que cuando recibí ese primer cheque, cuando vendí mi primer dólar, básicamente brincada de la felicidad.

Después de eso, todo empezó a cobrar sentido. El hecho de que estuviera en español y en inglés provocó que la empresa que me daba el mega de hosting gratuito quedare realmente impactada y sorprendida de la gran cantidad de tráfico que se estaba generando hacia mi página. Fueron a visitarla y se llevaron la sorpresa de este fenómeno de que estaba en español y en inglés.

Entonces me llamaron y me dijeron si me quería convertir en el representante hispano de esa empresa. Me fui a ser el representante hispano de ellos y ahí definitivamente aprendí todo lo que necesitaba sobre la tecnología. Teníamos una intranet, ahí aprendíamos todos los pormenores del hosting y todo ese tipo de cosas. Lo que se enseñaba en aquella época de marketing era básicamente remitir la URL de nuestro sitio web a todos los directores que existían. Básicamente eso era todo lo que uno hacía de marketing.

Yo empecé a trabajar ahí y, en una de esas ocasiones, si no recuerdo mal, Yahoo salió con este concepto de listas de discusión por e-mail, algo muy parecido a lo que es Yahoo Grupos o Google Groups. Entonces se me ocurrió crear un grupo de discusión literaria sobre Gabriel García Márquez y su obra. Yo no soy muy bueno con Gabriel García Márquez. Sí me he leído las obras de García Márquez, pero mi interés no giraba en torno a la literatura, ni en crear un grupo de discusión alrededor de García Márquez, Cien años de soledad ni nada por el estilo.

Yo quería ofrecerle eso a la gente que ya estaba consumiendo información sobre García Márquez. Ahí fue cuando realmente me di cuenta de la importancia del e-mail marketing. A mí lo que me interesaba era siempre desde el punto de vista del marketing: cómo se podía vender a través del Internet lo mío o cómo podía vender productos digitales. Entonces, casi que paralelo, empecé a escribir mi primer libro, eso fue en 1998. Se llamaba Marketing por Internet, y el subtítulo era: Tratando de reinventar la rueda del marketing, o algo así.

Fíjate cómo lo que creé no fue un libro en sus comienzos, sino que realmente, como yo lo estaba escribiendo de a poco y actualizándolo, lo que hice fue crear un sitio web por membresías y empecé a cobrar. Era como una membresía en temas de marketing y negocios por Internet, costaba 39,95 dólares. Mi primera venta la procesé con ClickBank cuando ClickBank era pequeñito, recién nacido. Solamente era en inglés y, en ese momento, no molestaba si tú estabas vendiendo cosas en otros idiomas. Hoy en día ellos ya tienen español, inglés, francés, alemán y 50.000 cosas. Pero en aquella época me lo permitieron y mi primer cliente fue una mujer venezolana, pero creo que fue la única venta que hice por la membresía.

Después de mucho tiempo, llegué a la conclusión de que el concepto de membresía no pegó. Entonces me dije: "Bueno, si no funcionó la membresía, entonces lo voy a convertir en un libro digital". Efectivamente, lo convertí en un libro digital que terminó siendo un libro de unas 500 páginas y lo seguí vendiendo en ClickBank. Ese fue mi primer libro, me tomó un año escribirlo. De ahí en adelante, el segundo libro ya hacía referencia al e-mail marketing y, en concreto, a boletines electrónicos. Cuando tú escuchas a alguien decir "boletines electrónicos" es porque es de la vieja guardia. Ese fue mi segundo libro y lo creé en dos meses, cuando ya aprendí cómo era la cosa.

Hoy en día en un fin de semana yo te puedo crear un producto sin ningún problema. De hecho, a partir de una serie de entrevistas, tú puedes hacer un producto nuevo. Una entrevista es cien por ciento virtual, a través del Internet con video, que hoy en día sí es posible. La grabas, la empaquetas y la vendes.

Por aquel entonces, el ancho de banda era muy poco. En aquella época estaban los Floppy, no los grandes sino los chiquitos, ya teníamos Floppy de tres y medio. En esos Floppy, si la memoria no me falla, cabían 1,2 megas. Como estrategia antipiratería, a propósito, los PDF de los libros digitales (en aquella época no necesariamente era PDF sino que eran libros autoejecutables .exe y eran solamente para PC) nosotros hacíamos que pesaran más de 1,2 megas, para que la gente no pudiera piratearlos repartiendo diskettes. Es decir, en aquella época la pirateada no se hacía a través del Internet.

Así fue como empecé y así ha sido como he ido aprendiendo sobre la marcha. Cuando yo empecé no había modelos que seguir, no se hablaba mucho. Sí había muchos grupos de discusión, mucha gente con el mismo perfil que yo tenía, pero todos básicamente estábamos trabajando empíricamente. Empecé a seguir a estas personas en las listas de discusión, en los grupos, a algunos les empecé a comprar libros. Me acuerdo de que el primer libro que compré era un libro físico como de 40 páginas. No recuerdo quién era el autor, pero ni siquiera era un libro digital. Ese fue el gusanito que me picó para empezar a hacer marketing y negocios.

No era que yo generara mucho, pero era suficiente como para mantener el espíritu vivo. No puedo decir que estaba ganando miles de dólares desde que comencé, porque las cosas realmente no fueron así. Todo ha sido muy progresivo.

En aquella época, para mí mismo, sacar una tarjeta de crédito y pagar por Internet, eso era mal visto. De hecho, en la época en que yo vivía en Colombia, antes de tomar la decisión de irme a los Estados Unidos, yo les preguntaba a los bancos: "¿Cómo hago para poder cobrar con tarjeta de crédito a través del Internet?", y los mismos bancos me decían: "¿Qué es eso? Ni se le ocurra, eso es muy peligroso, muy inseguro y aquí nadie le va a dar eso". Por eso fue que yo decidí irme.

De hecho, no puedo decir no puedo decir que fui el que lo inventó o a quien se le ocurrió pero, sin duda, esa tendencia la empecé muy temprano. Y es que precisamente la gente no tenía tarjeta de crédito. Las tarjetas de débito entonces no tenían los logos de Visa y Mastercard, o sea, que no operaban igual. No había tarjetas prepagas, no había nada de ese tipo de cosas. Entonces se me ocurrió empezar a ofrecer otras formas de pago alternativas. Casi desde el principio una de mis fuentes principales de pago era ofrecer Western Union, o descargar un PDF donde tenían el formulario para rellenar y enviarme después por fax. Eso era de risa, lo que le tocaba a uno inventarse para poder cobrar dinero. Pero, afortunadamente, empezaron empresas como ClickBank, después vino PayPal, o simultáneamente. Había una empresa que se llamaba 2checkout, que todavía existe.

Entonces, uno tenía resuelta la forma de cobrar con tarjeta de crédito, pero lo que no tenías resuelto era que tu cliente tuviera una tarjeta de crédito para pagar. Así que tocaba con Western Union; hoy en día yo ya no recibo Western Union. De hecho, mi filosofía desde hace unos años para acá es: si no tienes una tarjeta de crédito, ni pienses en hacer negocios por Internet ni trates de averiguar sobre marketing y negocios por Internet, porque sí o sí necesitas una tarjeta de crédito, porque si quieres hosting, tienes que pagar con tarjeta de crédito. Ahí no te van a recibir Western Union ni vas a poder prepagar por un año con cheque ni nada por el estilo. Estaría mintiéndote si dijera: "Cómprame mi producto que te voy a enseñar a hacer negocios por Internet", si tú mismo no puedes pagar.

Entonces ese fue el inicio y, realmente, no sabía un montón de las historias. Fue un crecimiento progresivo, pero debe haber habido algo en algún momento que hizo el switch a lo que conocemos hoy.

Alrededor del año 2000, explotó lo que se llamó en aquella época "la burbuja de Internet", algo que a muchos afectó negativamente. Sin embargo, creo que a mí me afectó positivamente y ahorita te voy a explicar por qué. Preburbuja de Internet, se hablaba por todas partes y había muchos eventos locales. El Last Thursday, First Friday eran reuniones locales que se hacían en todas las ciudades o, por lo menos, en las principales ciudades del mundo, donde una vez al mes se reunían y había conferencias donde podías hacer networking y todo este tipo de cosas. Eso popularizó mucho el Internet. Después vino la burbuja, pero todas esas entidades siguieron funcionando y, a pesar de que ocurrió eso, el espíritu emprendedor o de emprender un negocio por Internet seguía vivito y coleando en los que no teníamos para invertir en esas empresas burbuja.

Entonces, a mí eso me favoreció. En el 2001 yo hice mi primer seminario presencial de marketing y negocios por Internet en Miami y lo hice en conjunto con un muy buen amigo que hoy ya no se dedica a esto. O sea, sí se dedica al Internet pero no a enseñar cómo ganar dinero en Internet, sino que está más del lado de las finanzas. Es un excelente profesional, él es dueño de una de las librerías digitales más importantes hispanas, que se llama LibrosEnRed.com. Se trata de mi buen amigo Marcelo Perazzolo, los dos hicimos este evento. Los dos éramos los más ultraconocidos en 2001 y nosotros llamamos a otros conferencistas. Me acuerdo de que teníamos a una conferencista española, uno creo que era suizo. Es gente que hoy en día no es tan conocida en el medio. Algunos sí, para no herir susceptibilidades.

Fue todo un éxito, pero fíjate cómo es curiosa la cosa: en aquella época todo el estrés de la organización recayó sobre mis hombros y, después, terminó ese evento y yo prometí que jamás iba a volver a hacer un seminario presencial en mi vida, porque no valía la pena el estrés de si iba a venir la gente, si iba a llenar los cupos del hotel. Todo estaba con mi firma.

Mi charla fue muy mala. Yo me considero muy buen conferencista, pero mi mente estaba en tantas otras partes que pienso que no hice una buena labor con mi presentación. Hoy ya llevamos la quinta edición de "Los Maestros de Internet", el evento hispano presencial más grande de marketing y negocios por Internet. Afortunadamente, ya no toda la responsabilidad cae sobre mis hombros y es un proyecto en conjunto con mi hermano Luis Eduardo Barón.

En la primera edición de "Los Maestros de Internet", en el 2010, éramos alrededor de 70 personas. Ahora, en nuestra quinta edición, han asistido más de 400 personas de 23 países, ha sido todo un éxito. Esto no hubiera sido posible hace unos poquitos años, debido a las limitaciones de la tecnología. En 1998 hubiera sido absolutamente imposible

Los costos de la tecnología han bajado tremendamente. Cuando yo empecé, comprar un dominio costaba unos 97 dólares, el hosting era tremendamente prohibitivo. Hoy puedes tener tu dominio por 10 dólares. Tampoco existían los autorrespondedores, el famoso cPanel en la parte del hosting. Es decir, la tecnología ha avanzado muchísimo, aprender a usar todas estas herramientas es supremamente fácil. La mayoría de la gente ya tiene acceso a Internet, las velocidades de conexión son mucho más decentes que antes, aunque no podemos decir que en todos los países tengan banda ancha, pero soportan lo que hacemos nosotros. La gente ya tiene medios de pago, ya no le tiene miedo a hacer compras por Internet. Entonces, tenemos todas las condiciones dadas.

Yo creo que nunca en la historia de la humanidad, y del mundo hispano en particular, había sido el momento preciso para empezar un negocio. Si tú estás empezando hoy, estás en el momento adecuado porque todos los errores ya los cometimos. Modelos de negocio hay: existen muchas formas de ganar dinero a través del Internet.

Lo importante es que te eduques y que pases a la acción. De ahí la importancia de esta palabra que me gusta: EDUCACCIÓN. Esa es una de las partes clave de los secretos del éxito. Indudablemente, también todo lo que tiene que ver con constancia y perseverancia. Otro secreto muy grande es saber taparse los oídos y evitar las críticas de los demás. Si alguien te va a criticar, que por lo menos sea alguien que sepa por qué te está criticando y que tenga bases para criticarte. Pero si tus familiares, tus amigos y gente que no tiene ni idea del mundo del marketing por Internet están diciendo que eres loco porque estás tratando de montar un negocio por Internet, ellos no están calificados para hacerlo porque no lo han hecho. Lo están haciendo de buena gente, pero bajo pretensión de especulación.

Ahora, va a haber otro tipo de crítica en la medida que tú vas creciendo y te vas haciendo conocido. Ten la plena certeza y la plena seguridad de que en el camino te vas a encontrar con muchos enemigos que te van a hacer la guerra solamente por cuestión de envidia. Ahí lo único que tú tienes que hacer es cerrar los ojos, cerrar los oídos, hacer caso omiso y seguir hacia adelante.

Mientras tú estés convencido de que, efectivamente, le estás entregando y aportando valor a tu mercado y que lo que tú estás creando no solamente es de buena calidad sino que es cierto y es útil, tienes que, por el contrario, sentirte orgulloso de lo que estás haciendo y venderlo sin pena, sin compasión, porque si lo estás haciendo es porque eso va a ser de beneficio para la gente que lo compra. Haz caso omiso de todos los enemigos que te vas a encontrar y sigue hacia adelante.

No sé si afortunada o desafortunadamente, pero yo creo que cualquier persona podría eventualmente tener un negocio próspero y exitoso en Internet. Lamentablemente no todo el mundo tiene la mentalidad emprendedora o la mentalidad que se requiere para tener este tipo de negocios. Digo afortunadamente, porque imagínate que todos fuéramos emprendedores, ya no sería negocio.

Necesitamos gente que trabaje de nueve a cinco y en las otras cosas. A mucha gente eso le brinda seguridad, tener un trabajo de ocho a cinco de la tarde donde cada semana, cada quince días o cada mes recibe su cheque y donde va, hace lo que tiene que hacer y después se dedica a su tiempo libre.

Ahora, en esto de los emprendedores, obviamente vamos a trabajar más que si estuviéramos trabajando en una empresa. O sea, quítate de la mente que aquí puedes crear un negocio de cuatro horas al estilo Tim Ferris, que es cierto y me gusta el libro, pero si te estás metiendo porque quieres trabajar menos, olvídate. Acá trabaja uno más, pero es mucho más satisfactorio que estar trabajando para otros.

Se le van a presentar a uno muchas limitaciones mentales que le van a impedir a uno avanzar rápidamente o quitarse uno las telarañas mentales. Por ejemplo, yo creo que una de las cosas donde más telarañas mentales hay es en tener miedo de cobrar altos precios o a valorar los productos que uno tiene.

Entonces, empecemos por la primera. La primera es que puede

lentificar las cosas que uno hace. Cuando uno está dudando de si esto será bueno, será malo, se la pasa uno picando y haciendo cosas por todas partes y no tiene una mentalidad clara y un enfoque claro. Lo que normalmente le podría tomar un mes lo va a hacer en dos, en tres, en cuatro o nunca lo va a hacer. Por eso, tú tienes que tener ese ferviente deseo de hacerlo y hacerlo y llevarlo a la práctica, tome lo que tenga que tomar.

Segundo, hay personas que subvaloran lo que están cobrando y entonces hasta se dedican a vender productos baratos, cuando ese mismo producto lo podrían estar vendiendo por dos, tres, cuatro o cinco veces el precio, y la gente podría estar pagándolo. Aquí el bloqueo mental básicamente es cuando uno dice: "No, es que lo mío no vale. ¿Cómo voy a cobrar si lo mío no vale lo que quiero que cueste?"

O sea, hay muchas barreras mentales, o algunas barreras mentales, que son mucho más graves, que son toda la mentalidad que tenemos con respecto al dinero: el dinero es malo, el dinero no crece en árboles. Son esos pensamientos limitantes que a veces nos meten en la cabeza desde que somos niños y sobre los que no tenemos: "Pobre pero honrado", "Es más fácil que pase un camello por el ojo de una aguja a que un rico entre en el Reino de los Cielos", y ese tipo de programaciones.

La clave está en ser capaz de identificarlos y de decir: "Ok, hasta aquí. Ya no más". Primero uno tiene que ser consciente de que tiene esas limitaciones y, segundo, tiene que botarse al agua y hacer algo para contrarrestar esas limitaciones.

Fíjate que a mí me pasó algo muy curioso cuando yo estaba empezando. Obviamente, cuando yo estaba empezando, yo no viví desde el día cero cien por ciento de mis ingresos por Internet. De hecho, me daría risa si yo mirara cuánto ganaba en esos primeros años. No era mucho, pero era lo suficiente para mantenerme motivado y hacer crecer los ingresos. Así que yo tenía que trabajar para vivir en aquella época. Además estaba estudiando en la universidad, además tenía que pagarme el arriendo, el agua, la luz, el teléfono y todo ese tipo de cosas en un país extranjero, en dólares.

Tuve varios trabajos. Independientemente de qué fuera el trabajo, a mí me costó mucho trabajo el día que tomé la decisión de: "No voy a trabajar más. Ya tengo que hacer funcionar esto como sea", porque siempre uno tenía la seguridad de su chequecito que le va a llegar, y ese chequecito era lo que me estaba impidiendo tener un chequesazo, porque era esa limitación.

Te voy a ser más sincero todavía: ni siquiera yo tomé la decisión. Si yo hubiera tomado la decisión, quizás la estaría tomando todavía. Bueno, tal vez exagero. Pero fíjate que ocurrió que en aquella época yo estaba trabajando en una empresa aquí americana y la empresa cerró. Esa empresa cerró... digamos que me ayudó con la decisión. Yo llegué a trabajar y no nos dejaron entrar ese día a nadie. "Entren a una reunión". Entramos en la reunión: "Este es su último día de trabajo. La próxima semana les vamos a estar mandando un cheque. Durante los próximos tres meses vamos a estar enviándoles el cheque como si hubieran estado trabajando, además de un bono adicional". Me dieron un buen cheque de compensación y tenía garantizados los ingresos por tres o cuatro meses, el seguro de salud y todas las demás cosas. Cuando tomaron ese día la decisión por mí, fue alrededor del evento del año 2001, cuando estábamos organizando el evento de Miami. Entonces, yo tenía el tiempo preciso para hacer lo de Miami y, de ahí en adelante, hacer que esto funcionara.

Cuando tomaron esa decisión por mí, mis ingresos se duplicaron y estaba ganando el doble de lo que ganaba en ese chequecito que estaba recibiendo. Dije: "Esto ya es un sin parar. Espero que no tenga que trabajar nunca más para alguien más, porque esto ya es imparable y lo vamos a hacer crecer a unas dimensiones inimaginables".

Otra cosa que también considero que fue un momento definitorio, más o menos en el año 2005 hice un primer gran lanzamiento por Internet de un producto. Ni siquiera era un producto mío. Se trataba de un libro de Mark Joyner, que se llamaba Reporte Confidencial de Inteligencia de Inteligencia en Internet. Yo compré los derechos, le compré a él los derechos de ese libro. Entonces lo traduje al español e hice un gran lanzamiento. En el mercado americano se vendía ese reporte a 97 dólares, y yo lo vendía en el mercado hispano a 97 dólares pero en español. Fíjate que me ocurrió algo muy chistoso.

Por esos días, hice otro lanzamiento que duraba 24 horas. No me acuerdo cómo fue pero las puertas del carrito de compras se abrían el viernes en la madrugada, a las 00:01 del viernes e iba hasta la medianoche. Obviamente, la campaña empezaba un poco antes. Te lo juro: desde que se abrió el carrito, desde las 00:01 hasta las 23:59, yo tenía programado mi celular para que, cada vez que entrara una venta, sonara una caja registradora. ¡Con mi esposa nos pasamos todo el día con ese sonido, todo el día durante las 24 horas! Era un producto de 97 dólares y, si la memoria no me falla, se superaron las ventas en más de 20.000 dólares en un solo día, en aquel entonces.

Y ese fue un cambio de mentalidad. Yo nunca había hecho tanta plata en un solo día y menos en aquella época, en 2005. Eso a mí me rompió muchos paradigmas, porque yo veía eso extremadamente lejos. Si la memoria no me falla, creo que ese hecho, más o menos en 2005, el primer lanzamiento en nuestro nicho de mercado de más de un millón de dólares en poco tiempo lo hizo John Rist. Apenas él pasó ese límite de un millón de dólares, nos rompió los paradigmas a todos los que creíamos que eso era imposible y, hoy en día, no es raro tener lanzamientos de un millón de dólares.

Yo me acuerdo mucho de ese libro, me lo sé de memoria. Básicamente, en ese libro él decía que el proceso sería IPPLM: cómo se genera todo a partir de una idea, después genera uno el producto, hace todo el prelanzamiento, después el lanzamiento y después todo el mantenimiento para eso se siga vendiendo. En últimas, eso es lo que hacemos nosotros: cómo pensamos a partir de una idea y analizamos un mercado, determinamos cuáles son los problemas que está teniendo ese mercado, desarrollamos el producto, empezamos toda la fase de prelanzamiento, lanzamos el producto; y, una vez lo lancemos, hacemos todas las estrategias para que eso se siga vendiendo "eternamente".

He tenido muchos mentores, gente que me ha hecho pensar "Quiero ser como él, lo voy a modelar". Uno de los primeros, alrededor del año 2000, fue Corey Rudl. Desafortunadamente murió en un accidente automovilístico, pero para que veas la calidad y dimensión de lo que esa persona representaba para mí: Yanik Silver hizo un evento en Orlando para celebrar sus 30 años, hoy debe tener cuarenta y pico. Uno de los speakers era Corey, y era tal que, con otro amigo, que es mi buen amigo Luis Almeyda de España, yo hice una llamada internacional para que Luis pudiera escuchar a nuestro ídolo, por decirlo de alguna manera. En ese evento estaba Yanik, que él realmente no era uno de mis mentores, pero si había otro que es una leyenda, Marlon Sanders.

A Marlon le hace falta más de un tornillo, y yo soy de esa vieja guardia. Vi a otros famosos como Terry Dean, Mark Joyner; pero, sin duda, uno de los que más me influyeron —y me sigue influyendo y de hecho tengo bastante conexión— es Dan Kennedy. Todo el mundo hablaba de Dan Kennedy, desde Corey Rudl, todo el mundo aprendió de Dan Kennedy, y Dan Kennedy es al que uno siempre regresa. Fíjate cómo yo cometí el error de conocer a Dan Kennedy y no le volví a prestar atención. Seguí a sus alumnos y, después de muchos años, me encontré con que todos siempre lo referenciaban a él.

Sin duda Dan Kennedy es uno de los mentores. Y hay muchos otros, por ejemplo, en el mundo del copywriting, hay muchos de la redacción publicitaria, como Ted Nicholas; está el mismo Marlon Sanders, que aprendí su Fórmula, así se llama el producto: La Fórmula. También están Gary Halbert, El Príncipe, autor de The Boron Letters. Otro de quien aprendí mucho todo lo que tiene que ver con teleseminarios es Alex Mandossian, cuando él empezó con su teleseminario allá por 2007.

Básicamente fui escogiendo al mejor en cada tema, para ir reuniendo todos los conocimientos. Yo creo que esto es importantísimo, no se puede aprender todo de una misma persona, hay que ver diferentes perspectivas. Creo que en la vida uno tiene muchos mentores, muchas personas de quienes se puede aprender. No todo el mundo es experto en el cien por ciento de las cosas.

Por ejemplo, uno de los temas que más me gustan y más me apasionan es cómo hablar en público, pero cómo vender hablando en público. Ahí he aprendido mucho Dan Kennedy, de Dave Dee, de Lisa Sasevich, he aprendido mucho de la gente. Siempre escuchaba a Lisa y aprendí mucho de ella, voy a los eventos de Lisa. Después me enteré de que el mentor de Lisa fue realmente Ali Brown; entonces estoy siguiendo a Ali Brown. Después me enteré de que Ali Brown nació, ¿de quién? De Dan Kennedy. Entonces, todo vuelve al inicio.

Pero lo importante cuando uno compra un curso, un programa de formación, una membresía, es que lo sepas hacer y a quién le vas a comprar, porque también por ahí hay mucha porquería. Tienes que comprarle a alguien que tenga trayectoria, que tenga credibilidad, que tenga constancia en el mercado, que tenga una presencia activa en el mercado; que tenga qué mostrar, pero por mostrar no es que te muestren los carros o la chequera o dónde viven, porque todo eso puede ser alquilado, falso, pirateado. Debe ser alguien que te inspire confianza, que te esté dando contenido de alta calidad. Compra todo ese tipo de cosas, aplícalas, comete errores, sigue a otras personas que tengan credibilidad en el mercado y que tengan probado que están teniendo éxito, tanto a nivel de ellos mismos como que hayan producido casos de éxito dentro de sus alumnos. Esa parte es fundamental.

La otra cosa que también es importante es que cualquier inversión que haga uno en su propia educación vale cien por ciento la pena. Tiene que quitarse uno esas telarañas también mentales de que esto cuesta mucho: "No voy a pagar porque, ¿qué tal que no?". Porque si tienes ese pensamiento de que no va a funcionar, no te va a funcionar por más que te lo den gratis. Entonces, invierte en tu propia educación, pero lo más importante es que no te quedes, como nos ocurre muchas veces, dejando que acumule polvo, polvo digital. A mí me ocurre a cada rato que compro un producto, sé que me va a servir y lo dejo para estudiar más tarde y ese más tarde nunca ocurre.

Ahí es donde está la idea: si solamente compro y no los leo, pues mal. Si los compro y los leo muy bien, pero si no lo implemento, no estoy haciendo nada. Quizás está incrementando tu nivel intelectual, te estás llenando de conocimiento la mente, pero lo que tú compras siempre tienes que ponerlo en práctica, porque es la única forma de validar que lo que estás aprendiendo tiene utilidad, es la única forma para cometer errores. Así que no le tengas miedo a cometer errores porque los vas a cometer; todos los hemos cometido, los cometemos y los vamos a seguir cometiendo. La idea es que, entre más rápido cometas esos errores mejor, porque para mí no son errores. Para mí simplemente fue una experiencia que me dejó un aprendizaje y ese aprendizaje es lo que me permite efectivamente crecer.

Y es lo mismo para todo, amigos. Antes de tener que aprender a correr tuve que aprender a gatear, a medio pararme y balancearme, después caminar, después trotar, después ahí sí correr, y en la vida todo es así. Tenemos que empezar dando pasitos de bebé hasta que llegamos a dominar lo que queremos dominar. Es constancia, perseverancia, acción, educación.

Pero volviendo al tema de cuando hice mi lanzamiento en 2005, que en 24 horas produjo más de 20.000 dólares, para un lanzamiento, y en el mercado hispano, eso era muchísimo dinero en un solo día. Hoy en día es otro cuento, es mucho más fácil, pero fíjate cómo yo empecé el lanzamiento.

Imagínate, como dos o tres días antes del lanzamiento me escribió un tipo de Ecuador que tenía fama de no ser muy honesto. Hoy ya no existe en el mercado. ¿Qué harías tú? Una persona con esa reputación te contacta y te dice: "Álvaro, veo que estás sacando el producto de Mark Joyner. Yo también lo compré y pienso darlo gratis en mi lista", cuando estás a 24 o 48 horas de lanzarlo por 97 dólares. Mucha gente creo que abortaría la misión y diría: "No, porque después me lo va a reclamar todo el mundo", y eso fue lo que estuve a punto de hacer. Estuve al borde de abortar la misión, porque dije: "No tiene ningún sentido que yo venda un reporte por 97 dólares y este tipo va a salir con exactamente lo mismo", con su traducción, y gratis o por un dólar era que lo quería vender, algo así de ridículo.

Sin embargo, esta persona me contacta y me dice: "Álvaro, sin embargo aquí, en honor entre los colegas, no lo voy a lanzar al mercado ni hoy ni mañana ni pasado mañana. Láncelo usted y después en un futuro usted me colabora con algo". Confié en su palabra y este tipo cumplió su palabra como por un mes antes de sacarlo gratis.

Afortunadamente no se me armó ningún problema porque, como yo supe que eso iba a pasar, no solamente vendí el libro de Mark Joyner. No lo posicioné como el libro de Mark Joyner, sino con mi perspectiva, con mis charlas, con mi punto de vista, algo que ya era más prioritario. "Si quiere solamente el libro, obténgalo gratis con él pero, si quiere el libro y cómo yo lo he implementado en mi negocio que tiene una serie de bonos que solamente yo le puedo ofrecer y nadie más, entonces cómpreme a mí".

Ese fue uno de mis modelos de negocio: obras del dominio público. Eso lo aprendí de Yanik Silver, aprendí de él toda la legislación y todo ese tipo de cosas. De ahí saqué y vendí libros como Publicidad Científica, que se siguen vendiendo hoy en día y básicamente son bases de marketing de respuesta directa. La ciencia de hacerse rico y los otros dos libros de Wattles también los saqué dentro de eso.

Hay muchas cosas para explorar. Lo importante es no quedarse solamente con explorar las posibilidades, sino hacer algo al respecto de ellas y, entre más rápido lo haga uno, mucho mejor. Esto es bien importante, la creatividad, tener el coraje de hacerlo, de ser creativo y decir: "Ok, ¿cómo voy a diferenciarme?". Y eso es algo que creo que hace bastante gente con otros libros, tal vez no comprando los derechos sino con libros de dominio público, libros tan comunes como El arte de la guerra. Hacen su prefacio o su interpretación de El arte de la guerra para un determinado negocio y venden cantidades, aunque es algo que se puede conseguir gratuitamente.

Por ejemplo, a ti se te ocurre una idea y tú la quieres tener implementada mañana. No importa si la carta de ventas está a medias. Lo lanza uno para testear y mejorarlo después y va corrigiéndolo. O lo lanza uno o no lo va a lanzar nunca, porque a veces uno se enamora mucho de su producto y quiere que su producto sea perfecto, entonces no lo lanza al mercado porque: "Ay, es que todavía me falta esto". O lo lanza y no saca otro porque: "Ay, es que lo estoy actualizando". Entonces, lo suficientemente bueno es bueno y ya. No hay que buscar tampoco la perfección pero hay que hacerlo. Esta es otra de las cosas que también le impiden a uno avanzar.

Para resumir, las claves o los secretos para el éxito: uno, quitarse las telarañas mentales. Dos, acción, es decir, hacer las cosas, no solo estar dándose garabatos de que va a hacer algo y pasar ocupado sin hacer nada. Tres, taparse los oídos con la gente que a veces te limita, aunque no te quiera hacer mal te está deteniendo en tu éxito.

El secreto es que no hay secretos. Son múltiples cosas las que hay que hacer. No hay una pildorita mágica ni un botón de "hágalo fácil". Eso no existe. Se necesita trabajar duro, incluso más duro que en un trabajo tradicional. Hay que tener muchísima constancia, muchísima perseverancia, tiene que estar uno educándose constantemente. No es que aprendí y ya no tengo que volver a comprar un curso. No, es educación constante y, además, pasar a la acción sobre todo lo que estás haciendo.

Ahí es donde están todas las claves del éxito. Lo otro es aprender de los errores, que también hace referencia a la constancia y la perseverancia. Uno tiene que estar dispuesto a pegarse golpes duros; se pega uno los golpes y tiene que volver a pararse, seguir adelante y aprender de esa experiencia.

Yo no sé, yo creo que todas las veces que me he caído, que he cometido un error, ahí es donde más he aprendido y es lo que más me ha hecho crecer. Hay dos formas de tomar las cosas: lamentarse o aprender y seguir adelante y corregir el camino.

Otra cosa muy importante, que yo creo que es crucial, es que hay que ser humildes. A muchos, cuando tienen éxito, se les suben los humos a la cabeza. Llegó a la fama y ya se cree una celebridad intocable. Y realmente hay que ser humilde. Uno no nació aprendido, no se las sabe todas y todos los días tiene uno algo que aprender de alguien. Incluso, las veces en que uno más aprende, es de gente que sabe menos que uno, saben más en otras áreas. Entonces hay que ser lo suficientemente humilde y tener siempre el corazón y la mente abiertos a aprender nuevas cosas, a ver nuevas posibilidades porque, el día que tú pierdes la humildad, hasta ese día llegó tu negocio.

Eso te lo digo porque no he conocido uno ni dos ni tres, sino que creo que me faltarían dedos de la mano para mencionarte toda la gente que, desde 1998 que he trabajado, que llegaron a la cima, llegaron a hacerse conocidos, llegaron a ser celebridades en nuestro nicho de mercado y hoy en día no existen; no porque no supieran hacer marketing, no porque no hubieran vendido, no porque hayan encontrado otra oportunidad de negocios diferente, sino porque les hizo falta humildad y, cuando perdieron la humildad, se creyeron estrellas de rock y se ganaron todos los enemigos del mercado.

Ahí fue donde todo se les derrumbó, porque en el marketing, como en cualquier otra cosa en la vida, lo más importante son las relaciones. Si tú no cuidas tus relaciones porque perdiste la humildad, o te crees más, o te crees superior al resto y crees que no necesitas del resto para poder crecer y mantenerte, ahí es donde todo el castillo que has construido se derrumba, porque los cimientos de ese castillo o las paredes o lo que sostenga ese castillo o ese imperio que has construido, está hecho en base a las relaciones que tú tengas y mantengas con la demás gente, especialmente con tus colegas, con tus competidores. Si rompes esa confianza, si te crees más y dejas de ser humilde, ese edificio se desploma de la noche a la mañana para nunca más poder volver a ser levantado. Así que, lección de humildad.

Y esa parte es clave. Esto del marketing no es nada de ciencia ni medicina nuclear, ni nada por el estilo. Es muy sencillo, es ver cómo establece y mantiene uno relaciones de mutuo beneficio entre todas las partes involucradas. Es tan sencillo como eso. Todo lo que se aleje de eso ya no es marketing, ya no es construcción de negocios. Si tú solamente piensas en ti y no en los demás, estás demoliendo las bases, y las bases de cualquier negocio son esas: cómo establezco y cómo mantengo relaciones de mutuo beneficio entre todas las partes involucradas. Ese es todo el secreto.

Para quien quiera conocer un poco más de mí, mi nombre es Álvaro Mendoza y pueden encontrar más información acerca de mí y de mi empresa desde MercadeoGlobal.com. ¿Qué vas a encontrar en MercadeoGlobal.com? Pues yo comparto muchos conocimientos de forma gratuita en la forma de artículos, audios, videos, reportes, los invito a teleseminarios, así que aprovechen y suscríbanse. Además, allí van a obtener una gran cantidad de información sobre este fascinante mundo del marketing y los negocios por Internet. ¡Te espero!

El emprendedor que llevas dentro

Por Luis Eduardo Barón

¿Te ha pasado que un día te levantas y decides que vas a empezar tu propio negocio?

Ese día llegas a tu trabajo y ves a tu jefe y te provoca enfrentarlo y gritarle a la cara que estás cansado de trabajar para él.

Es el virus del emprendedor. Da de vez en cuando y todos de una u otra manera nos hemos contagiado.

Yo lo tuve, pero pasaron 10 años para decidirme a comenzar mi propio negocio.

Todos somos emprendedores, a más de uno de nosotros no ha venido la idea de vender limonada cuando éramos niños. Yo quería tener una iglesia a los 6 años, creía que eso de pedir el diezmo era un "buen negocio".

Pero no todos tenemos el valor de emprender, por eso quiero que si estás leyendo este capítulo cierres los ojos y pienses en la vida que quieres llevar como emprendedor, en la vida que le vas a dar a tu familia; piensa en las vacaciones que quieres tomar, visualiza el auto que quieres conducir, piensa en el tiempo libre que quieres tener…piensa en tu éxito… y repite conmigo…YO SOY UN EMPRENDEDOR EXITOSO…Mi negocio es un negocio millonario, yo cambio mi vida ahora mismo….piensa en tu meta, piensa en ti y en tu familia…y abre los ojos porque hoy empiezas una nueva etapa en tu vida….

31

La única manera que yo tengo para que tú cambies y logres alcanzar el éxito es si te programas para ello, por eso este ejercicio lo debes hacer todos los días y te voy a explicar por qué...

Si tú repites constantemente estas frases, estás programando tu cerebro y la información que vas a aprender se quedará en él y podrás realizar las metas que tienes en tu cabeza... escucha bien esta frase, tú te conviertes en lo que piensas la mayor parte del tiempo, te la repito -tú te conviertes en lo que piensas la mayor parte del tiempo-, así que te convertirás en un emprendedor exitoso si piensas y actúas como tal.

Te voy a hacer una pregunta, ¿cuál es el trabajo mejor pago en los negocios, el trabajo que recibe mejor remuneración?, la respuesta es pensar, tu habilidad de pensar determina la calidad de tus decisiones, determina la calidad de tus acciones y determina la calidad de tu vida.

A mí me gusta ponerte a pensar, este es un sistema de aprendizaje que se llama de pensamiento instantáneo, yo no lo inventé, pero sí acuñé la frase pensamiento instantáneo. Cuando tú responderes una pregunta en 30 segundos la respuesta es diferente si lo haces en 30 minutos, está comprobado que si lo haces en 30 segundos, tu respuesta es la primera cosa que pasa por tu cabeza. Te estaré en este capítulo preguntando y preguntando para que tú logres las respuestas y te dediques a sacar el emprendedor que llevas dentro.

Cuando hablas con la gente, muchos de ellos dicen que el éxito es cosa de suerte, estar en el lugar correcto a la hora correcta, hacer la inversión correcta, conocer a la persona correcta, pero esta es la forma como las personas que no han tenido éxito explican el éxito obtenido por las personas exitosas.

La verdad es que todo lo que pasa en la vida es cosa de probabilidades...la mayoría de las personas que son millonarias están en estas tres categorías: Emprendedores, dueños de negocios, o profesionales de las ventas, así que si tú estás en una de estas tres categorías, tienes la probabilidad de estar en el 80 por ciento de la gente que se convierte en rica, no es una cosa de suerte es la ley de las probabilidades. Mira a tu alrededor, y dime si estoy equivocado, mira si con el salario que tienes si eres empleado puedes llegar a ser millonario.

Si tú aprendes a manejar tu negocio, incrementas dramáticamente las probabilidades de ganar mucho dinero, tener independencia financiera y convertirte en millonario.

Ahora quiero que te imagines que no tienes limitaciones de tiempo, de dinero, experiencia, recursos...Si pudieras hacer cualquier cosa que quisieras, ¿qué elegirías hacer? Qué te gustaría ser, si tuvieras todo para hacerlo.

Cuál sería esa actividad que te gustaría hacer si tuvieras todo el dinero, el tiempo, los recursos y la experiencia para hacerlo. Piensa en esa actividad, cuál es, cocinar, arreglar el auto, coser, enseñar, piensa cuál es y si puedes anótala.

Ahora dime qué cualidad tienes tú que ha sido responsable de tus éxitos en la vida, qué capacidades tienes, qué haces tú fácil o bien, qué puede ser difícil hacer para otra gente. Cosas que te han producido mucha satisfacción o éxito. Quiero que anotes 5 cosas que tú consideras haces de una forma excelente, este puede ser el indicador de qué podrías estar haciendo en el futuro, si no lo estás haciendo ahora...

Muchas veces la Mina de Oro está bajo nuestros pies y no nos hemos dado cuenta. Debbie Fields era una niña que recogía las bolas en el campo de béisbol de los Atléticos de Oakland en California, y le pagaban 5 dólares la hora, ella tenía 13 años y con ese dinero compraba ingredientes para hacer galletas para llevar a la escuela y vender...en 1977 Debbie montó su negocio, de galletas, Mrs. Fields, hoy en día tiene más de 1200 franquicias y posee varias marcas y otras compañías, Debbie se dio cuenta de que su pasión podía convertirse en su Mina de Oro. Así que en esa lista que acabas de escribir puedes encontrar tu negocio.

Si ya estás en un negocio, cuál es tu talento clave en tu negocio. Todos los negocios se construyen alrededor de talentos claves, experiencias o habilidades críticas de uno o más individuos que les permiten producir o adquirir un producto o servicio que pueda tener presencia en el mercado de una manera rentable. Cuál es el talento clave de tu negocio. Piensa en ello y escríbelo.

Si estás pensando en un negocio en lugar de pensar si es rentable, piensa más bien qué te gusta hacer, qué te agarra, qué te atrapa, piensa en un negocio que te apasione, te emocione... Los emprendedores somos muy apasionados con lo que hacemos así que si tú quieres tener éxito en tu negocio busca una actividad que te entusiasme, piensa que tú vas a ser más exitoso vendiendo o promocionando algo que amas a algo que no te gusta, eso es lo que transmites, esa confianza y credibilidad es lo que lleva a tus clientes, tus empleados a que crean en ti.

Quiero que anotes las cosas que más te gusta hacer y escribe también si tienes un negocio qué es lo que más te apasiona de tu negocio.

La mayoría de las fortunas en los negocios comienzan cuando un individuo ve que hay un cliente que tiene una necesidad insatisfecha... ¿Cómo hago yo para crear un producto o servicio que satisfaga esa necesidad en un mercado adecuado?

No sé si tú sabes la historia de la señora que inventó la tinta correctora, lo que se conoce como liquid paper, ella era una secretaria de 19 años que cometía muchos errores escribiendo a máquina y no quería perder su puesto, así que compró una pintura blanca, se puso a ensayar, usó la licuadora de la casa hasta que logró crear una pintura que podía aplicar al papel y puso ese líquido en un frasquito y cada vez que se equivocaba, cubría el error con su líquido mágico. Sus compañeras empezaron a pedirle que les vendiera los frasquitos para evitar que sus jefes las regañaran y Bette Nesmith empezó su empresa. Bette encontró una necesidad insatisfecha, dio una solución y convirtió su emprendimiento casero en un negocio millonario. Vendió su compañía por 47 millones de dólares en 1979.

En cada negocio o para cada producto, se necesita lo que llamamos un "campeón" una persona que ame el producto o el servicio y transmita ese amor a los clientes. Si tú tienes un negocio debes buscar un "campeón" para ponerlo al frente de un proyecto específico o al frente de un producto…la mayoría de las empresas saben que si no tienen un campeón al frente de un producto este se convierte en "huérfano" y un producto "huérfano" nunca será exitoso, te lo digo por experiencia propia.

Tú tienes que ser desde el principio el Campeón de tu producto o servicio, tienes que amarlo, hablar de él y transmitir ese entusiasmo a las personas que quieren saber sobre el mismo… esta es una de las Claves del éxito.

La siguiente pregunta te puede ayudar a enfocarte en una idea de negocio, qué puedo mejorar, ¿puedo mejorar algo existente en lugar de sacar algo completamente nuevo al mercado? Te voy a dar un secreto, lo único que tú tienes que hacer es un producto o servicio que sea 10 por ciento nuevo o diferente. Puedes construir una fortuna mejorando un producto existente, es la manera más fácil y rápida de entrar en un negocio...

En 1932, George Blaisdell había quedado en la ruina y algunos amigos lo invitaron al club para divertirse, uno de ellos acababa de llegar de Austria y sacó un encendedor que había traído de su viaje. Blaisdell lo pidió prestado, lo analizó y no se lo regresó esa noche, se fue para su casa se encerró hasta que mejoró el sistema del encendedor, al año siguiente Blaisdell había producido su primer encendedor Zippo, este artefacto se convirtió en compañero de los soldados que fueron a la Segunda guerra mundial, de regreso todo Estados Unidos estaba usando Zippo, hoy en día se han producido millones de encendedores Zippo, todos con el mismo diseño original, Zippo se convirtió en una cultura y es una compañía que produce millones de dólares en utilidades. Por un Zippo de colección se han llegado a pagar 37 mil dólares. Blaisdell no inventó el encendedor, lo mejoró.

Mira por ejemplo el caso de Amazon, ellos no fueron los primeros en sacar un lector electrónico de libros, pero su Kindle fue un producto mejorado que se ha popularizado rápidamente y se ha convertido en el producto estándar de la industria.

Quiero que pienses en 5 ideas que puedan ayudar a mejorar un producto o productos existentes o que puedan mejorar los productos de tu negocio.

En reinventar los negocios está la clave de nuestro éxito empresarial, bien sea que vas a empezar un negocio o ya tienes uno...innovar, romper el paradigma, ser diferente, esa debe ser tú consiga.

Piensa que los negocios son como mares llenos de tiburones, y tú tienes que aprender a navegar en aguas tranquilas.

Hace un tiempo leí en el libro La Estrategia del Océano Azul, algunas historias de negocios que construyeron su propio océano de aguas tranquilas.

En 1985 Guy Laliberté un artista callejero en Montreal, Canadá, sin un talento descomunal, sin mucha preparación académica, y sin dinero, le dijo a sus amigos que quería montar un circo… Sus amigos le dijeron que estaba loco, y Laliberté reinventó el circo, creó el Circo del Sol, Cirque du Solei y hoy en día sus circos -porque tiene más de 14 espectáculos rodando por todo el mundo-, vende millones, el costo de la entrada es muy superior al de un circo tradicional, y la gente tiene que hacer reservaciones y esperar porque las funciones están llenas todo el tiempo…Laliberté es un hombre millonario porque mejoró un producto existente, él no inventó el circo, él se salió del molde.

Piensa qué puedes hacer para "reinventar" tu negocio o que negocio podrías empezar que revolucione o sea diferente y cree su propio mercado.

Conocí en Colombia un odontólogo muy particular, él decidió crear un ambiente especial en sus consultorios. Oficinas llenas de colores, plantas. Con un diseño futurista, con una terraza cafetería, un consultorio que parece todo menos un consultorio odontológico.

La sensación de estar ahí es diferente, no es la de ir a una "tortura" con el sonido de la fresa y el dolor de una extracción. Incluso ofrecen jugos de frutas y en la noche licores. Hay masajes para los pacientes y se ha convertido en una celebridad donde las estrellas de la farándula se dan cita. Marlon Becerra es el odontólogo de reinas, actores y actrices y figuras como Maradona. Él reinventó el negocio y creó su propio Océano Azul.

¿Cuál puede ser el tuyo?

Recuerda que empezar un negocio, introducir un nuevo producto o servicio es muy duro, es mucho más fácil venderles a los clientes lo conocido que lo desconocido. Venderles lo que ellos ya usan y mostrarles que tu producto o servicio es mejor que lo existente….Reinventar, recrear, innovar…esa debe ser tu consigna…La clave de un negocio es ofrecer valor genuino, un producto o servicio que ofrezca una contribución a la calidad de vida o de trabajo de tu cliente…

Una regla básica para tu negocio…toma dos años llegar a punto de equilibrio en un negocio promedio, tarda otros dos años en mostrar utilidad, un negocio se convierte realmente en un negocio rentable más o menos a los 7 años…esa es la regla general, pero algunos negocios pueden mejorar este desempeño, pero si tu negocio está dentro de la estadística no te desesperes, el problema es si está más allá de los tiempos de la regla básica…Si estás empezando un negocio debes ser consciente de ello, te toma dos años en aprender el negocio, 4 años en mostrar utilidad y 7 años en realmente que funcione tu negocio como debe ser….Tú puedes acortar esa curva, pero ese es el promedio y no te preocupes si otros lo han hecho en menos tiempo que tú, sus circunstancias son diferentes a las tuyas y estas no son comparables. Por eso no te desesperes, la paciencia es uno de los dos requerimientos para el éxito según Henry Ford, el que pierde la paciencia pierde la cualidad crítica del éxito… el otro requerimiento para Ford era la visión.

Con los ejercicios, ya tienes más claro las cosas que más te gustan, las que mejor sabes hacer, las que te apasionan, ahora has colocado ideas para mejorar un producto existente o para reinventar tu negocio…

Lo que vas a hacer ahora es cerrar los ojos, recuerda si no estás en el auto manejando…cierra los ojos vas a recordar cómo era tu vida cotidiana hace 10 años, cómo era el auto que conducías, cómo veías las películas, cómo hablabas por teléfono, cómo escuchabas la música, cómo veías la televisión, cómo era la pantalla del televisor, cómo era tu computadora, lo visualizas, mira los productos del supermercado…y ahora trasládate 10 años en el tiempo y con los ojos cerrados piensa en lo mismo, cómo es tu auto, el teléfono, las películas, cómo escuchas la música, cómo ves televisión, cómo son los productos del supermercado…ves la diferencia…ahora imagínate por un momento cómo será el auto que conducirás en 10 años, el teléfono que usarás, cómo escucharás la música, cómo verás televisión, cómo será el supermercado…piensa cuáles pueden ser las áreas de mayor demanda en el futuro cercano, en 5 años por ejemplo, recuerda que el 80 por ciento de los productos o servicios serán diferentes…imagina cuáles son la áreas de mayor transformación…haz el ejercicio de imaginar.

Abre los ojos y ahora escribe de acuerdo a esas transformaciones que has visto en el tiempo, cuáles son los negocios que tú ves tienen más desarrollo para los próximos 5 años….Si tienes negocio, cómo lo ves en 5 años, qué transformaciones va tener tu negocio.

Ves lo interesante, han aparecido ante tus ojos cosas que quizás no habías visto antes.

Quiero que pienses cuáles serían las áreas para tu negocio ideal…ese negocio que encaja con tu pasión, con tus habilidades, con tu experiencia, con el potencial hacia el futuro.

Cuál podría ser TU NEGOCIO IDEAL, haz una lista, el número 1, y escribe debajo 4 más en orden de importancia. Si no tienes en detalle el negocio escribe el área del negocio, qué tipo de negocio sería. Quiero que hagas el ejerció para que saques dentro de ti al emprendedor que siempre has sido.

Mira si tu negocio actual encaja dentro en la idea de tu negocio ideal o en esa lista prioritaria, si no es así, puede ser una causa por la cual tu negocio no se desarrolla como tú quisieras, no es un negocio que te apasione o que le veas futuro…y te digo honestamente que tendrías que pensar en cambiarlo, en reinventarlo o dejarlo.

Recuerda que una de las claves secretas para lograr el éxito y convertir a tu negocio en un negocio millonario es el NICHO…Muchas personas me han preguntado cómo buscar un nicho, cómo encontrar un mercado hambriento…preparé un tutorial que está debajo del video del día de hoy para ayudarte a investigar los nichos…Así que cuando termines el Módulo 1 mira el tutorial…algunos ya lo saben si han tenido la experiencia de crear productos en Internet, pero para otros puede ser un herramienta indispensable en el éxito de sus emprendimientos..

Quiero darte Algunas Ideas para Buscar Negocios
Uno de los puntos clave cuando estás pensando empezar un negocio es tener tus ojos abiertos. Lee las historias en revistas especializadas, los avisos clasificados que a veces traen ideas de negocios, lee la sección de "oportunidades de negocios" en los periódicos o revistas, y llama a la gente que las ofrece, mira las revistas de negocios, las páginas de Internet de información en tu campo de interés o en el que tienes experiencia. Puede

que un producto que está al otro lado del país o del mundo y que está generando utilidades pueda ser un producto que tú puedas representar, licenciar, distribuir o desarrollar y podría ser el comienzo de tu éxito empresarial.

Una de las actividades que más me abre a mí la mente es asistir a Ferias comerciales o exhibiciones, si tú asistes a este tipo de eventos en el campo de tu interés, créeme que en dos horas de recorrido estás adquiriendo años de experiencia...si tú vives en un país que tiene la facilidad de tener este tipo de eventos constantemente o puedes desplazarte a otro país sin mayor costo, hazlo, no sabes la cantidad de oportunidades que puedes encontrar en una Feria Comercial y lo más importante los contactos que puedes realizar. Cuando vayas a un evento de estos lleva tus tarjetas de presentación, en tu zona de recursos hay un link donde puedes descargar plantillas que puedes imprimir en tu impresora casera en caso de que no tengas una. Solo cambia la información por la tuya y tendrás una tarjeta con una apariencia profesional. Lleva estas tarjetas y te presentas como un posible comprador interesado y busca productos o servicios que estén dentro de tu área de experiencia y el propósito del negocio que vamos a ver en unos minutos, para distribuir o representar...

Busca en Internet o en los consulados de algunos países, en las secciones de asuntos comerciales los catálogos de productos o la información de compañías al otro lado del mundo, estoy seguro de que ellos están buscando gente como tú para hacer negocios. ¿Tú sabías que el 95 por ciento de los productos nunca han sido vendidos fuera de las fronteras del país de origen? Solo contacta a los distribuidores y pregunta...Yo te voy a decir algo, la mayoría de las veces uno asume cosas y eso lo detiene...quién soy yo para que me den una representación, yo no tengo capital, solo si preguntas vas a saber realmente lo que la otra persona piensa y te vas a sorprender de lo que vas a lograr solo con tener la decisión de preguntar...Cuando viajes mira las oportunidades, productos o servicios que están funcionando en otros mercados que no han llegado al tuyo, y simplemente sigue la regla, pregunta, pregunta por la exclusividad en tu mercado. Piensa que todos los negocios quieren tener más clientes y muchos de ellos están pensando en ampliar sus oportunidades.

¿Te gustaron estas ideas? Escribe 10 formas que vas a aplicar para buscar ideas de negocios, 10 maneras que te podrían ayudar a encontrar un negocio que se ajuste a lo que quieres a lo mejor entre ellas está tú "mina de oro".

Dicen que el promedio de las personas tiene unas 4 ideas de negocios en su vida que las puede convertir en millonarias, el problema es que no las realizan...Recuerda que un excelente producto o una idea de un nuevo servicio del cual tú estás enamorado puede ser el comienzo de tu éxito empresarial y por qué no de tu propia fortuna personal. En los años venideros más gente va a hacer dinero en sus propios negocios que en toda la historia de la humanidad, tu trabajo si quieres aceptarlo es encontrar un producto o servicio que te apasione y satisfaga una necesidad y convertirte en el próximo millonario del vecindario.

En mi curso Máster Para Emprendedores (www. masterparaemprendedores.com) encontrarás más ideas de negocios y muchísimo material para hacer de ti un emprendedor exitoso.

Yo quiero hacer de ti un emprendedor, no un oportunista, te quiero enseñar a construir tu acueducto para que conviertas esas ideas, esos cursos que tomaste y tienes abandonados, en el principio del negocio que cambiará tu vida. Quiero que crees los fundamentos, que tú mismo vayas descubriendo ese diamante que tienes dentro de ti.

Desde el Instituto de Negocios he formado a más de 1000 emprendedores en 43 países y seguiré haciéndolo porque estoy convencido de que la mejor forma de cambiar la economía nuestra, de nuestras familias y nuestros países es gracias a nuestros propios negocios.

Pero un Negocio Saludable
No Puede Existir sin un Plan Estratégico
La regla es que el hecho de planificar tu negocio y tu vida personal incrementa dramáticamente tus resultados y tu recompensa…Recuerda que fallar en planificar significa planear el fracaso. Escribir ese plan en papel, incrementa la exactitud, la efectividad y las probabilidades de que este plan se haga realidad.

Tú sabes que el propósito de un negocio está enfocado en la creación de clientes, todas nuestras actividades se basan en crear y mantener clientes de una forma efectiva…

Las utilidades no son el propósito, son el RESULTADO.

Tienes que desarrollar el hábito de pensar en los clientes TODO el tiempo…

En mi curso Máster Para Emprendedores les enseño a mis alumnos a planificar de una manera estratégica, pero recuerda que los resultados no están dentro del negocio, están afuera… los resultados los producen los clientes…

Siempre tienes que mirar tu negocio con los ojos del cliente, qué necesitan ellos, qué piensan, qué quieren, recuerda que la clave de poder más importante es el cliente y la satisfacción de ese cliente... la gente compra porque tú llenas esa satisfacción mejor que tus competidores, ese debe ser el foco central de tu trabajo.

La palabra más importante en el éxito de un negocio es "claridad". Tienes que desarrollar el hábito de pensar cuidadosamente todos los detalles de tu vida empresarial y tener el tiempo para lograr absoluta claridad en las diferentes áreas de tu negocio.

Vamos a empezar por el principio. Tu punto de partida es la Visión de tu futuro negocio ideal, o de tu actual negocio. Cuando no hay visión la gente fracasa. Los líderes más destacados tienen una visión a largo plazo de 5 a 10 para su negocio...la gente que no es exitosa opera día a día, solucionando los problemas del día a día. Pero los emprendedores piensan en el futuro, así que cuando pienses acerca del futuro, practica idealizar la creación de tu negocio...imagínate que el genio de la lámpara te concede los deseos que quieras para crear tu negocio perfecto.

Piensa cómo sería ese negocio ideal.

Cómo sería su tamaño,

Cómo sería su rentabilidad

Cuál sería su reputación

Dónde estaría localizado

Con qué gente trabajarías

A qué clientes les venderías.

Imagínate que todo esto es posible, imagínate que no tienes una limitación, en lo que puedes, ser, hacer o tener. Imagínate que tienes TODO el dinero del mundo, toda la experiencia, todos los contactos, que no tienes límites, solo los límites en tu propia cabeza. Si no tuvieras límites qué clase de negocio desarrollarías.

Qué palabras usarías para describir tu negocio, qué palabras quisieras que tus clientes usaran para describir tu negocio a otros clientes potenciales.

Esas palabras que uses van a determinar la dirección de tu negocio, determinan la visión que tú tienes que cumplir. Qué palabras usará la gente dentro o fuera de tu negocio para describirte a ti y a tus actividades empresariales…Alta calidad, Buen Servicio al cliente, Excelente personal, qué palabras usaría la gente fuera de tu negocio ideal para hablar de él…

Ahora escribe todo lo que pienses de tu negocio ideal, todo lo que te he mencionado, Cómo sería su tamaño, Cómo sería su rentabilidad, Cuál sería su reputación, Dónde estaría localizado, La gente con la que trabajarías, A qué clientes les venderías, qué dirían ellos de tu negocio. Anota todo lo que tengas en la cabeza sobre tu negocio ideal.

Ahora quiero que crees Tú Visión…
la Visión de tú negocio

Debe estar escrita en tiempo presente.

Describe lo que vamos a sentir, oír, pensar, decir y hacer como si ya hubiéramos alcanzado la visión.

Se resume con una frase de gran alcance. Esa frase poderosa

forma el primer párrafo de la declaración de la visión.

Se describe un resultado, el mejor resultado que podemos conseguir. No confundir la visión con la meta y objetivos de negocio durante un período determinado de tiempo. Una declaración de visión, por lo tanto, no contempla medidas numéricas de éxito.

Se evoca la emoción.

Ayuda a construir una imagen, la misma imagen, en la mente de las personas.

Te voy a leer la visión de General Motors, por ejemplo, para que te sirva de ayuda.

"La visión de GM es ser el líder mundial en productos de transporte y servicios relacionados. Vamos a ganar el entusiasmo de nuestros clientes mediante la mejora continua impulsados por la integridad, el trabajo en equipo y la innovación".

O la de Coca-Cola

Para lograr un crecimiento sostenible, hemos establecido una visión con metas claras.

Beneficio: Maximización del retorno para los accionistas, siendo conscientes de nuestras responsabilidades.

Gente: Ser un gran lugar para trabajar donde la gente se inspire para ser lo mejor que puede.

Portafolio: Traer al mundo una cartera de marcas de bebidas

que se anticipan y satisfagan a la gente, sus deseos y sus necesidades.

Socios: Fomentar una red de captación de socios y la creación de lealtad mutua.

Planeta: Ser un ciudadano global responsable que haga la diferencia.

Esta es la Visión de Coca-Cola, esta semana tu tarea es escribir tú Visión y me la vas a enviar junto con las otras tareas que te voy a dejar para esta semana para yo revisarla. Ahora vas a tener una Visión que debes compartir con la gente que te rodea para que te ayude a cumplirla.

Ahora vamos a ver la Misión
Recuerda que la Misión responde a la palabra qué, qué quiero alcanzar para mí y para mis clientes.

Tu misión no es hacer mucho dinero, tu misión es atender a tus clientes de determinada manera y como consecuencia ganar mucho dinero. La misión tiene de alguna forma mediciones que prueben que tú vas a lograr cumplir tú visión…Por ejemplo, atender a nuestros clientes mejor que cualquier compañía en el país y como resultado lograr determinada meta.

La Misión de Pizza Hut por ejemplo es:
"Estamos orgullosos de hacer una pizza perfecta y ofrecer un servicio cortés y servicial a tiempo, todo el tiempo. Cada cliente dice: "Volveré!"

La Misión de Disney:
"Creamos la felicidad, proporcionando el mejor entretenimiento para la gente de todas las edades, en todas partes".

O la Misión de Ford Motor Company

"Somos una familia global con una orgullosa herencia apasionadamente comprometidos en proporcionar la movilidad de las personas en todo el mundo".

La Misión debe ser:

Corta y concisa

Memorable

Clara y atractiva

Debe Inspirar

Palabras de gran alcance y ser convincente.

Tu tarea esta semana es escribir tú Misión y me la vas a enviar junto a las otras tareas que te voy a dejar para revisarla.

Cuando la tengas la vas a imprimir y la vas a colocar en un lugar visible de tu negocio, de tu oficina, incluso si trabajas desde casa, la vas a poner en el sitio de trabajo, esa es **Tú Visión** y **Tú Misión** y las debes tener claras y la gente que trabaja contigo las debe conocer, más adelante te digo por qué.

La tercera parte de este plan estratégico es el **propósito**, y la pregunta por qué estoy en este negocio en particular o por qué quiero empezar un negocio. Qué quieres lograr para tus clientes, qué resultados quieres tener, qué mejoras le vas a dar a la vida de tus clientes, por qué estás en el negocio. Por qué estás haciendo lo que estás haciendo, por qué, cuál es el propósito para estar en este negocio, Y como te dije en los videos el por qué siempre tiene que ver con otra gente, siempre tiene que ver con hacer un cambio o mejoras en la vida de otras personas, tú tienes que saber tú propósito y la gente que trabaja contigo debe tenerlo claro.

Steven Covey que escribió Los 7 Hábitos de la Gente altamente efectiva que antes que comiences a escalar por la escalera del éxito asegúrate que esté apoyada en el edificio correcto.

Asegúrate que lo que estás haciendo es la verdadera razón que es importante para ti.

Quiero que escribas **Tú Propósito**, redacta una frase donde vas a poner, por qué estás haciendo lo que estás haciendo.

Y el cuarto punto del plan estratégico, las Metas

Hay que tener metas a corto, mediano y largo plazo.

Tú escribiste tu meta durante los ejercicios de los videos, ahora quiero que anotes tú meta a corto, mediano y largo plazo, cuál es la utilidad que quieres tener, qué quieres tener, a qué tipo de gente quieres atraer o contratar, la clase de gente que quiero alcanzar para alcanzar mis otras metas. Qué calidad y cantidad de productos vas a tener. Escribe tus metas. Tienes que desarrollar el hábito de pensar en términos financieros, piensa en utilidad neta, no solo en ventas. Escribe TODAS las metas que puedas a corto, mediano y largo plazo. Entre más metas tengas, más razones tendrás para alcanzarlas.

Recuerda que…
La Visión: Un pensamiento, un sueño.
La Misión: Una dirección, una estrategia.

Las Metas: Las vías, los medios.

Objetivos: La fechas, los hitos.

Recuerda que cualquier fórmula, cualquier meta es mejor que ninguna. Si vas a preparar un plato, cualquier receta que uses es mejor que ir tirando los ingredientes a la loca sin ninguna proporción.

El tema es este, entre más apliques métodos para alcanzar tus metas, más rápido y más fácil, vas a ir tomando decisiones. Es decir si tú no tenías un método te podías demorar un tiempo X para la toma de tus decisiones, si vas empleando métodos para planificar, cuando se presente una situación que exija tu decisión, esta será 10 veces más rápida y mejor.

Te voy a Enseñar un Método Simple y Práctico que Debes Seguir

Lo primero que debes preguntarte es:

¿Qué estás tratando de hacer?

Qué exactamente estás tratando de hacer. La claridad en la forma como respondas esta pregunta es responsable del 80 a 90 por ciento de tú éxito. La razón principal por lo que la gente fracasa es porque no tiene claro qué está tratando de hacer y es imposible hacer las cosas de la forma correcta y en el orden correcto si no se sabe qué se está tratando de hacer.

Recuerda lo que te dije en los videos, si no sabes para dónde vas, cualquier camino te lleva. Mucha gente trabaja y trabaja mucho pero no tiene claridad de sus objetivos.

La habilidad de responder exactamente a esta pregunta es el punto de partida de todo.

Qué es lo que estás tratando de hacer en tu negocio o con el negocio que quieres empezar.

La segunda pregunta es Cómo lo estoy tratando de hacer. Cuál es la metodología que estás usando.

La tercera pregunta es ¿Cuáles son tus suposiciones de acuerdo a tu metodología? Qué asumes tú explícitamente y qué asumes inconscientemente. Las suspensiones incorrectas son la causa de todos los errores, todos los problemas que tenemos son porque asumimos cosas de la gente, suspensiones sobre el mercado, la aceptación de nuestros productos, la cooperación de la gente, las finanzas, las ventas, los números. Si nuestras suposiciones son incorrectas qué decisiones vamos a tomar. Lo que yo he aprendido es que la habilidad de asumir que uno puede estar terriblemente equivocado, es el punto de arranque de un crecimiento rápido en tu negocio. Déjame explicarte, si tú estás preparado para que tú producto o servicio no funcione, es más fácil tomar decisiones de cambio. Si estabas esperando un éxito con el mismo, lo que se logra es que el reaccionar sea más lento, en caso de un fracaso.

Recuerda que las cosas cambian todo el tiempo y tú debes estar preparado por si no salen bien, para hacerlas de una manera diferente para lograr el objetivo.

¿Cuáles son tus suposiciones, qué estas asumiendo que quieres lograr, qué tienes en mente en este momento?

Usa este método siempre, cuando tengas estrés por ejemplo, cuando tengas algo en tu negocio que no te sale, pregúntate qué estoy tratando de hacer, cómo lo estoy tratando de hacer y cuáles son mis suposiciones.

Ya tenemos los ingredientes para hacer el Plan Estratégico
Vas a escribir, Tú Visión, Tú Misión, Tú Propósito y vas a hacer una lista de tus Metas y objetivos con las fechas en que los vas a cumplir. En tú Mapa Secreto usa el resumen del Plan Estratégico para darle seguimiento. Escribe a mano, no en el computador, tres copias de tus Metas, deja una en tu casa, y una en la oficina en un lugar visible y una en tu cartera o billetera para que vaya contigo a todas partes. Las vas a revisar cada vez que puedas, todos los días y recuerda poner las fechas de realización de tus Metas.

Si tú piensas en estas estrategias podrás sacar a flote a es emprendedor que está dentro de ti, pero mejor aún, podrás empezar tu propio emprendimiento con bases sólidas que te lleven a construir un emprendimiento exitoso.

Si quieres saber más de mí puedes visitar mi blog, www. comoemepezarunnegocio.com o matricularte a uno de mis cursos del Instituto de Negocios.

Luis Eduardo Barón es autor, bestseller, conferencista y director del centro de capacitación online, Instituto de Negocios www.institutodenegocios.com

El trading como negocio de futuro y con futuro

Por José María López Serrano

¿Por qué es un negocio que cambia vidas?
Y al alcance de cualquier persona

Tengo 5.000 palabras para dar respuesta al título de este libro, así que voy a intentar utilizar un lenguaje sencillo e ir dejándote los mejores consejos, describiéndote lo que hago, cómo lo hago, con qué lo hago y además demostrarlo.

Desde la más humilde y sincera de las experiencias, quiero introducirte en la profesión o negocio del trader (comerciante). Se trata de una persona que obtiene beneficios en los mercados financieros (Petróleo, Oro, Eurodólar, Dow Jones, Dax alemán, acciones, etc. ...), haciendo operaciones "con un método" en dos direcciones, tanto con mercados al alza como con mercados a la baja, gano o pierdo dinero, si compro más barato de lo que vendo y también cuando vendo más caro de lo que compro.

Por el momento, decirte que con 2,5 horas dedicadas a mi operativa diaria actualmente gano más de 2.500 dólares mensuales. Y sólo con mi ordenador, una conexión a Internet, un *software* que en la mayoría de las ocasiones es gratuito y una cuenta inicial en un *Broker* de 8.000 dólares (parecido a un banco que nos da servicios para acceder al mercado y también nos lo cobra en cada operación).

Eso sí nada es gratis, en mis inicios consumí bastantes recursos estudiando y practicando (tiempo=dinero) y me equivoqué en más ocasiones de las que hubiera deseado. No obstante, eran otros tiempos y el mercado aún no estaba maduro, había muchas promesas para hacer dinero rápido y pocas fuentes de información, la mayoría vendían solo la parte de un todo. También aprendí que cuanto más grande es la promesa más se aleja de la realidad.

Afortunadamente, hoy ya existen muchas y buenas redes sociales de trading donde se comparten conocimientos fidedignos y probados, cursos bien estructurados y con webinarios con prácticas reales, buenos equipos docentes que no se han formado en Wall Street. Internet hoy hace todo más fácil y accesible.

En cualquier caso, mi proceso me sirvió para reunir multitud de conocimientos autodidactas y también para pagar cursos de todo tipo a grandes y supuestos traders, que en mayor o menor medida, me han guiado e iluminado en las distintas partes del todo, y al final unos me han guiado a otros, convirtiéndome en un clon hibridado de ellos y ellas, para poder dominar las técnicas y habilidades que hoy me permiten ejecutar operaciones ganadoras en el momento oportuno y poder beneficiarme de la diferencia de los precios entre la adquisición y el cierre de mis acuerdos.

Llegar a ser trader se acerca mucho a mi trabajo ideal: sin jefes o jefas ni contratos laborales y con total independencia, dedicando un mínimo tiempo en comparación con las actividades tradicionales, compaginándolo con cualquier otra ocupación o haciéndolo tu principal actividad, trabajando desde casa o desde cualquier parte del mundo, mientras haya conexión a Internet, y en el horario que prefieras. Puedes convertir la actividad en una fuente de ahorros para la jubilación, para compras extras, para pagar la hipoteca de tu vivienda o como un medio de vida con libertad e independencia financiera.

Parece difícil pero dominar sus técnicas y herramientas ahora está al alcance de todos y todas. No obstante hay que poner sumo cuidado a la hora de elegir la compañía o persona idónea que te ofrezca una formación óptima adecuada a tus características personales y que incluya clases prácticas con cuentas reales y un buen acompañamiento posterior. Existen buenos y buenas guías y mentores, solo hay que saber seleccionarlos.

Con respecto a otras actividades tradicionales, se puede aprender en tiempos bastante inferiores y obtener altas rentabilidades con mínimas inversiones de capital y tiempo, si se hace adecuadamente.

Incluso con el tiempo, cuando ganes experiencia, puedes ampliar el rango de actividades formación, conferencias, informes técnicos, mentorizaje, cuentas compartidas, gestión de cuentas a terceras personas…

Cuando comencé el camino de trader me encontré con grandes sorpresas, que ahora son afirmaciones, para iniciarse en este sector y unirse a la experiencia de participar y operar en los mercados financieros NO es necesario ningún requisito previo (formación académica, idiomas, etc. …) ni grandes recursos económicos o técnicos. Lo que sí es totalmente imprescindible es tiempo y paciencia para obtener una formación teórica y práctica óptima para alcanzar consistencia obteniendo resultados positivos.

Quiero contaros mi experiencia con dos grandes objetivos, por un lado, dar a conocer mi trayectoria como trader y promocionar mi actividad profesional, y por otro lado, basado en mi experiencia real, a lo largo de la narración desmitificar y sin demérito de nadie, una serie de mensajes publicitarios que circulan por la red en torno al trading, en un momento en el que la crisis y la desilusión siguen ocupando buena parte del discurso de los medios, con los que no me identifico y rotundamente creo que son falsos y están engañando a muchas personas. ¿Quieres que te lo cuente?

¿Quién escribe?
Especialista en emergencias
Cocinero antes que fraile o viceversa desde el siglo pasado, "bombero de situaciones atípicas", con un nivel de errores acumulados que me permite compartir y transmitir, con solvencia, humildad y rigor las experiencias vividas, así como, facilitar, formar ayudar a quienes tengan inquietudes por la puesta en marcha de nuevas actividades profesionales o empresariales en este sector, para que puedan decir y, si cometo errores – esperemos que no – que sean nuevos.

Soy José María López Serrano, actualmente vivo en Sevilla (España) y nací en 1967. Licenciado en Ciencias Políticas y Sociología, Técnico Especialista en Informática de Gestión, Técnico Superior en Administración y Finanzas, además de distintos másteres y cursos de formación continua profesional.

De naturaleza inconformista, curiosa, voluble e inquieta, he puesto en marcha 6 empresas propias y dirigido otras 4, en sectores como la formación, la informática, los servicios a las empresas y la agroindustria. Como profesional independiente he trabajado para la administración local y para organismos internacionales como investigador, formador o consultor experto en desarrollo estratégico socioeconómico territorial en más de 10 países. Llevo 26 años en el mundo de la formación.

¿Qué hago ahora y con quién?
Mis alianzas sinérgicas, 1+1=3
En epígrafes posteriores os describo mi curva de aprendizaje.

Siempre he crecido cooperando en alianzas con otras personas y fusionando capacidades, hasta estos momentos y tras un intenso proceso, comparto proyecto con dos grandes amigos que conocí en el camino, Ángel Pérez y Joseph Palacios, ambos grandes personas y mejores profesionales. Junto con ellos he puesto en marcha www.areabursatil.com , se trata de una empresa pionera que ofrece una amplia gama de servicios financieros.

Hoy en día compatibilizo mi actividad profesional como consultor en desarrollo territorial, formador en trading y *day trader*, invirtiendo con mis propias cuentas individuales y con otras grupales con otros compañeros y compañeras, así, nos repartimos los horarios y las cuentas están siempre generando ingresos.

¿Qué herramientas utilizo? ¿Cómo lo hago?
¡¡¡ Comienza la Aventura!!!
Utilizo una plataforma informática (existen muchas) que me proporciona acceso al mercado o activo financiero que desee indicándome el movimiento de los precios en unas gráficas en tiempo real, que además me permite evaluar quién tiene el control del mercado (compradores o vendedores) y posicionarme del lado adecuado obteniendo más probabilidades de éxito, y que me permite con unos simples botones puedo comprar o vender de forma inmediata y ordenar mis operaciones. *Actúo yo solo bajo mi responsabilidad.*

Diseño mis propios sistemas de trading, entendiendo sistema como un conjunto de reglas claras, precisas y muchas veces programadas que me permiten actuar en un momento concreto sobre un determinado activo financiero, ya sea para observar y esperar, comprar, vender o cerrar una posición. *Programo las reglas para no tener que interpretarlas bajo fuertes emociones (avaricia, miedo, incertidumbre...) sino que simplemente las tengo que ejecutar, no me dedico a interpretar por qué ocurren las cosas o si llevo la razón o no, solo diseño y pruebo y si funciona lo aplico y punto.*

He simplificado todos mis sistemas bajo sólidas reglas de control que se basa en las cinco partes del todo:

A. Un sencillo sistema o método de trading para analizar los gráficos (análisis chartista) y saber cuál es el mejor momento para hacer operaciones de compra-venta, probado durante años y que evalúa una media del 70 por ciento de entradas positivas (ganadoras), siempre respetando las normas del sistema (patrones y señales de entrada, dirección del mercado, noticias, etc.). No improviso, solo actúo ante los escenarios ya previstos.

B. Unas sólidas reglas de seguridad sobre la administración del riesgo y de mi capital aplicadas a cada operación que ejecuto, esto me permite adaptar y controlar el riesgo a cada situación del mercado y conseguir un incremento geométrico de mi capital sin exposiciones peligrosas a la pérdida. Limito el riesgo y la exposición mediante cálculos previstos que me permiten seguir en el mercado con mi principal herramienta, el capital para invertir.

C. Un *software* que me permite evaluar en todo momento la evolución de la inversión, y que me facilita la toma de decisiones, sin nervios, sin indecisión, y lo mejor, con resultados muy consistentes.

D. Mi Psico-trading. La experiencia nos ha permitido desvincularnos del resultado final, ni tristeza ni euforia, es una operación más. Paciencia y disciplina (autocontrol).

Calma siendo conocedores de los resultados finales positivos. Uso defensivo de la psicología para convivir en entornos de incertidumbre sin dejarme llevar por emociones extremas. En resumen he aprendido a gestionar adecuadamente las emociones y pensamientos para ejecutar planes de trading eficientes y contrastados.

E. Un buen *Broker* o Corredor es la única institución financiera autorizada en la cual vamos a depositar nuestros fondos para abrir una cuenta e invertir en los mercados. Existen muchos, por lo tanto hay que tener en cuenta una serie de factores para tomar la decisión correcta, entre otros y en mi caso elijo los que me ofrecen las plataformas informáticas más sólidas, acceso inmediato a las cotizaciones, solidez financiera y antigüedad, informes técnicos, asistencia técnica 24 horas en mi idioma principal, y por supuesto las comisiones que me van a cobrar por cada operación que realice. Solo deciros que hay traders que pierden dinero o sus operativas no son rentables por estas comisiones.

En los mercados o activos financieros, podemos comprar para vender más caro y vender para comprar más barato, en ambos casos, las diferencias son beneficios. Estos son algunos ejemplos del funcionamiento:

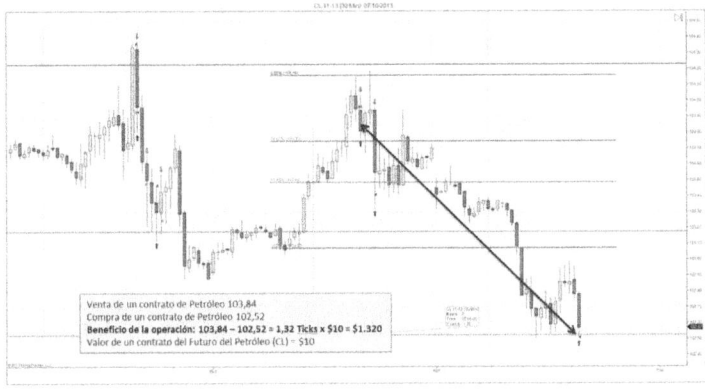

Venta de un contrato de Petróleo 103,84
Compra de un contrato de Petróleo 102,52
Beneficio de la operación: 103,84 – 102,52 = 1,32 Ticks x $10 = $1.320
Valor de un contrato del Futuro del Petróleo (CL) = $10

Como podrás observar a través de las gráficas anteriores, unas velas nos indican en tiempo real (parte inferior) cómo va evolucionando el precio (cotización – parte derecha) y la dirección al alza (velas verdes) o la baja (velas rojas), al basarnos en probabilidades, lo que hacemos es un análisis chartista (de los gráficos) localizando patrones (configuraciones gráficas cuyo modelo, nos indica un resultado final estadísticamente conocido) para encontrar zonas de alta probabilidad o saludables, ya lo que está por venir depende de la reacción de cientos de miles de participantes que van a tomar posiciones en función de sus creencias o ideas, lo que sí sabemos es que el mercado se encuentra cotizando dentro de un conjunto de cotizaciones con memoria, históricas, de ahí es donde tomamos posiciones de compra o venta en zonas donde la probabilidad de que desarrolle un movimiento es superior a que lo haga en un sentido contrario.

Sirva esto para decirte que hablamos de probabilidades y no de certezas, ya que a pesar de tener todas las "pistas" a nuestro favor esto nunca nos indicará al 100 por ciento qué es lo que ocurrirá a continuación en la siguiente operación. Sin embargo, nuestro método nos ofrece una ventaja competitiva que nos permite tener una esperanza matemática positiva (más entradas ganadoras que perdedoras).

¿Cómo trabajamos el Trading?
¡¡En la cocina!!

La larga experiencia sumada, me ha enseñado que para ganar dinero invirtiendo en mercados o activos financieros, hay que tener una técnica probada, un método de trabajo, una férrea gestión monetaria de mi capital y manejar ciertos aspectos psicológicos (miedo, avaricia, paciencia, etc.) como la única manera de sostener la obtención de resultados positivos consistentes en el tiempo.

Así, después de estudiar los históricos de movimientos de precios de los mercados a través de los gráficos, he conseguido encontrar patrones de comportamiento predecibles y que me hacen ganar dinero en tramos de tiempo muy pequeños, generalmente de media 15 a 20 minutos por operación, donde además el sistema que utilizamos produce un porcentaje de aciertos próximo al 70 por ciento, siempre y cuando el mercado reúna las condiciones apropiadas para ingresar en el mercado en ese día en cuestión.

Mis operativas se centran en el comportamiento o acción del precio (Price Action), por lo tanto son válidas para la mayoría de traders, mercados y activos financieros, ya que simplifica el análisis previo de cualquier operación. Centro mi atención a través de un análisis técnico en el comportamiento del precio mediante patrones y técnicas propias que me dice la dirección más probable del precio (alcista o bajista) en un futuro próximo, y que al unificar todas las señales me permite tener las probabilidades de éxito a mi favor y ejecutar las órdenes de compra-venta más seguras y que producen los mejores resultados, ingresando a un determinado precio y arriesgando un porcentaje que depende del capital que tenga disponible. *Entrar al mercado sin método, no es trading, es jugar a la lotería. No es ser profesional es convertirse en jugador o jugadora.*

Se trata de aprender a sumar y unir "pistas" que el mercado nos ofrece para entender lo que está pasando y lo que es más probable que ocurra. Estudio determinadas formaciones (patrones gráficos y otros elementos) que al fin y al cabo, reflejan el sentimiento del mercado (miedo, avaricia, incertidumbre...) y por tanto el comportamiento de las masas, en este caso compradores y vendedores, así el mercado se convierte en la respuesta colectiva de estas personas que las hace bastante predecibles. *Sin entrar en la psicología de masas, solo apuntar que cuando una persona actúa dentro de un conjunto de personas deja de tener una autonomía propia pasando a depender del criterio del grupo, pasando a tener un comportamiento más primario y menos racional.*

En mi caso, yo hago trading en el intradía (abro y cierro en el mismo día) o en operaciones que duran pocos minutos (scalping). Quiero disminuir al máximo el riesgo de exposición y la mayoría de veces no necesito más que unos pocos minutos para que el precio revalorice mis posiciones. Todo ello, unido a una activa e implacable gestión del riesgo y monetaria de mi capital. De esta manera, protejo mi inversión cortando rápidamente las pérdidas, pero sabiendo dejar correr los beneficios para conseguir los mejores resultados posibles.

¿Cómo llegué al mundo del Trading?
Una carrera llena de consejos que valen dinero
Hace unos 5 años superado el que creo que ha sido el ecuador de mi vida, comencé a realizar un profundo autoanálisis de todo lo alcanzado, y venía observándome una serie de pensamientos recurrentes que me producía bastante inquietud:

- Como propietario de pequeñas empresas sabía que su éxito o fracaso dependía de otras personas o factores que se escapaban a mi control, que la escasez de recursos la suplía a base de 12 o más horas de trabajo diario, incluso los ingresos de mi actividad como profesional independiente se limitaban al número máximo de horas que podía trabajar semanalmente. Y me hice las siguientes preguntas: ¿Qué porcentaje del dinero que he generado mantengo en mis cuentas bancarias? ¿Cuánto recibo realmente por hora de trabajo real, incluidas las que me llevo a casa? ¿Cuál es la alternativa si mi empresa o mi actividad profesional terminan? ¿Después de 6 meses sin pasar por mi empresa, todo seguiría igual?

- Como trabajador por cuenta ajena para otras empresas, sabía que no tenía control, que existía el riesgo de perder el empleo, hoy es muy difícil que tengas seguridad. Hasta hace poco, podías trabajar en la misma empresa casi toda la vida, incluso hasta jubilarte y recibir tu pensión. Hoy todos y todas sabemos que no es así. Te imaginas perder el empleo en una situación como esta, y si ya tienes cierta edad, familia, responsabilidades económicas…. ¡Es un drama! ¿Cuántos meses exactamente podría vivir si hoy pierdo mi trabajo? ¿A qué me dedicaría después? ¿Tendría siempre la sensación de que es más largo el mes que mi cheque o nómina?

Mi conclusión de cara a un futuro, para mi supuesta jubilación, con cierta seguridad económica se fue al traste, ya que mis ingresos dependían de mi presencia física y de toda mi disponibilidad horaria, *al final había estado sentado en una mecedora, siempre en movimiento pero en el mismo sitio.*

En resumen, la inmensa mayoría estamos inmersos en un proceso lineal: formarnos adecuadamente, conseguir un trabajo o poner en marcha una pequeña empresa o actividad profesional, trabajar duro, crear una familia y luchar por mantenernos. En este proceso, cuantos mayores ingresos poseemos, en mayores gastos nos metemos, siendo conscientes de que la sociedad de consumo nos ha creado miles de necesidades que no nos hacen más felices, y todo ello generalmente dependiendo de una única fuente de ingresos, fruto de tu trabajo presencial por cuenta propia o ajena en el que "intercambias tu tiempo de vida por dinero", ya que si no das tu tiempo, no te pagan. *Dependes de tus actividades para generar liquidez, y si desaparecen ¿de qué vas a vivir? ¿De verdad podemos aguantar este sistema hasta los 65 o más años?*

No obstante, mi carácter inquieto e inconformista me llevó a investigar las posibles soluciones y alternativas, así decidí no renunciar a vivir una vida con una libertad financiera que me permita disponer de mi tiempo de vida para disfrutarla, incluso trabajando. "Un deseo no cambia nada, una decisión lo cambia todo"

Sin saberlo, durante estos años a través de un *círculo generativo de la 5C: **Creer-Conocer-Crear-Crecer-Compartir.*** Y como ya **CREÍA** que podía y debía buscar alternativas comencé a **CONOCER**, para ello comencé a leer algunos libros, investigar por Internet el sector, y compré algunos cursos presenciales y online que creía que ya tenían el santo grial, la fórmula mágica, el método definitivo, y que al poco tiempo me permitirían ser un trader con ganancias consistentes. La tozuda realidad me vino a demostrar que las grandes promesas son demasiado buenas para ser verdad.

Seguí **CONOCIENDO**, leía libros, investigaba por Internet y con cada curso nuevo que compraba pensaba que ya iba a estar preparado. Invertí bastante dinero y tiempo en formación e información excesiva que no asimilaba para ponerla en práctica, buscaba desesperadamente el santo grial de la inversión, la fórmula mágica que me ayudara a ganar mucho dinero pronto. Con bastante dolor aprendí el santo grial no existe, y para sintetizar os pongo mi escalera evolutiva como trader.

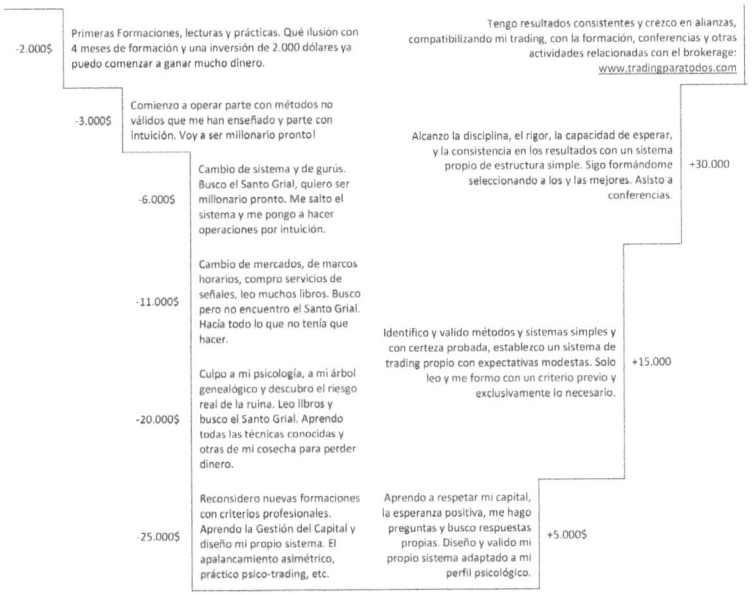

-2.000$	Primeras Formaciones, lecturas y prácticas. Qué ilusión con 4 meses de formación y una inversión de 2.000 dólares ya puedo comenzar a ganar mucho dinero.	Tengo resultados consistentes y crezco en alianzas, compatibilizando mi trading, con la formación, conferencias y otras actividades relacionadas con el brokerage: www.tradingparatodos.com
-3.000$	Comienzo a operar parte con métodos no válidos que me han enseñado y parte con intuición. Voy a ser millonario pronto!	
-6.000$	Cambio de sistema y de gurús. Busco el Santo Grial, quiero ser millonario pronto. Me salto el sistema y me pongo a hacer operaciones por intuición.	Alcanzo la disciplina, el rigor, la capacidad de esperar, y la consistencia en los resultados con un sistema propio de estructura simple. Sigo formándome seleccionando a los y las mejores. Asisto a conferencias. +30.000
-11.000$	Cambio de mercados, de marcos horarios, compro servicios de señales, leo muchos libros. Busco pero no encuentro el Santo Grial. Hacía todo lo que no tenía que hacer.	
-20.000$	Culpo a mi psicología, a mi árbol genealógico y descubro el riesgo real de la ruina. Leo libros y busco el Santo Grial. Aprendo todas las técnicas conocidas y otras de mi cosecha para perder dinero.	Identifico y valido métodos y sistemas simples y con certeza probada, establezco un sistema de trading propio con expectativas modestas. Solo leo y me formo con un criterio previo y exclusivamente lo necesario. +15.000
-25.000$	Reconsidero nuevas formaciones con criterios profesionales. Aprendo la Gestión del Capital y diseño mi propio sistema. El apalancamiento asimétrico, práctico psico-trading, etc.	Aprendo a respetar mi capital, la esperanza positiva, me hago preguntas y busco respuestas propias. Diseño y valido mi propio sistema adaptado a mi perfil psicológico. +5.000$

Entonces **CONOCÍ Y APRENDÍ** que un sistema, método o técnica probada es el 30 por ciento del éxito, la gestión correcta del porcentaje de riesgo en cada operación en función de tu capital es el 30 por ciento y el 40 por ciento restante es tu control psicológico.

Es cierto no todo el mundo vale hay que probarse, este negocio reúne un montón de estresores, emociones y sentimientos (miedo, ambición, exceso de paciencia o impaciencia, euforia, frustración, rabia, impotencia, alegría, nos pasamos a los extremos de conservadores a agresivos, de optimistas a pesimistas...) mientras hacemos trading pensamos, sentimos y actuamos, por lo tanto, necesitamos entrenarnos y aprender a gestionar los pensamientos y emociones, para poder armonizar nuestro pensar, sentir y actuar que nos permita ejecutar un plan de trading o sistema sin salirnos del mismo, aplicando con disciplina las reglas que hemos creado y probado.

Para mí el trading no tiene que ver nada con hacer dinero, pero me ha ayudado a comprender cómo se hace el dinero y, sobre todo cómo se pierde. Saber que la esencia de la negociación es mutante en función de múltiples factores. En los mercados "La única constante es el cambio".

Así, después de una dolorosa curva de aprendizaje, afirmo que bienvenido el aprendizaje aunque el maestro sea el dolor, por lo menos en mi caso que soy de aprendizaje vivencial y aunque me lo cuenten, lo tengo que experimentar para poder aprender y transmitir lo que hago. Fue entonces cuando comencé a **CREAR**, para ello tomé y puse en práctica las siguientes decisiones:

▪ Clonar todo lo que había aprendido, quedándome con lo mejor de cada libro o persona, sintetizando y evitando el exceso de información (disminuir la infoxicación), que al fin y al cabo lo que lleva es al "análisis, análisis hasta la parálisis".

▪ Preparar mis sistemas propios adaptados a mi personalidad, probarlos y verificarlos previamente en modo simulado con dinero virtual. Sin duda soy defensor de una adecuada formación técnica, pero hoy por hoy, soy consciente que en los mercados no hay lógicas o verdades absolutas, lo irracional reina y ninguna teoría te puede decir qué hacer siempre. La única manera de aprender cómo negociar es simplemente haciéndolo y viviéndolo, experimentando las dos principales emociones del mercado: la euforia y el pánico mientras el mercado se desplaza a su antojo.

- Operar mediante las reglas de mi sistema de trading, respetándolas absolutamente siempre. Aún recuerdo el dolor de mi curva de aprendizaje. Mi plan de trading es mi brújula que me mantiene en la dirección correcta, la consistencia es la mejor forma de valorar-me. Operar es como un negocio y los negocios con éxito siempre tienen un plan de empresa, cualquier persona puede hacer mejores hamburguesas que McDonald's pero la diferencia es su plan de empresa.

- No puedo ingresar al mercado por la simple razón de que "pienso" o "creo" que el mercado va ir para abajo o arriba. Es imprescindible un plan de acción o estrategia, un sistema con reglas preestablecidas que me diga cuándo debo ingresar o salir del mercado. Así me aseguro de que todas las decisiones que tome basadas en mi sistema van a ser las mejores decisiones que pueda tomar y no están "nubladas" por las barreras psicológicas (miedo, avaricia, etc.) con que todas las personas nos encontramos cuando hay dinero real de por medio.

- Informarme siempre y adecuadamente de lo que ocurre y es importante (para ello tengo seleccionados varios canales RSS donde en un solo lugar recibo las actualizaciones de distintas Webs y blogs especializados), no podemos olvidar que el mundo y la economía están interconectados. Es una profesión solitaria pero no debes estar solo o sola, es bueno compartir y contrastar ideas, experiencias, aprendizajes, para eso están las redes sociales especializadas o blogs especializados como el mío www.tradingparatodos.com

- Introducir como aspecto imprescindible dentro de mis sistemas de trading el control del riesgo, la Gestión Monetaria o Administración de mi Capital, gestionando todas y cada una de mis operaciones y controlando el riesgo en función del tamaño de mi cuenta o de si opero a favor o en contra de una tendencia. Siempre sé cuánto puedo permitirme perder por cada operación y cuál es mi objetivo de beneficios (NOTA: Antes de aprender a ganar debes aprender a sobrevivir). Un mal sistema de trading puede ser ganador con una buena gestión monetaria, en cambio un buen sistema sin gestión es el mejor camino para la ruina.

- *Llevar y analizar un diario de operaciones* (backtesting o papertrading), un sistema de seguimiento, que me ha permitido entender el mercado en retrospectiva, analizar mis fortalezas y debilidades, medir el rendimiento objetivamente, identificar mis errores, etc. ..., como ejemplo os digo que me ayudo a detectar patrones ignorados acerca de mí mismo, ya que antes solía hacer operaciones desde el inicio de la sesión europea hasta las 20:00 GMT+1. Al revisar mis operaciones, me di cuenta que la mayoría de mis operaciones en pérdidas ocurrían después de las 17:00 GMT+1, entonces decidí no operar más después de esa hora. No hubiera descubierto este patrón si no usara mi diario de operaciones para diseñar mi propio sistema. *Tener un diario no es lo más importante, lo importante y donde crecemos como traders es cuando lo revisamos.*

Para vivir del trading hace falta formación, capacidad, liquidez y experiencia. No hay fórmulas mágicas ni atajos para conseguir la libertad financiera. No todo el mundo vale, hay que probarse. Es perfectamente posible para cualquier persona, pero necesita de un proceso guiado y de mucha práctica. Recuerda: ¡Ser autodidacta es caro!

Si alguien te dice que en dos meses comienzas a ganar dinero, simplemente es ignorancia o te está mintiendo para venderte algo. Cada persona tiene sus propios ritmos y para ello, como mínimo imprescindible, necesitas formarte adecuadamente (30 % teoría – 70 % práctica), trabajando con constancia sin prisa y sin pausa, es lo único que los y las grandes traders tienen en común para alcanzar resultados consistentes y altamente rentables.

Y después de este intenso y rico proceso comencé a **CRECER**, y para muestra os dejo mis primeros resultados. La gráfica inferior procede del aplicativo con el que trabajo y podrás observar los resultados mensuales en la columna NET y el porcentaje de aciertos en la columna %WIN. Ese trata de una cuenta que comenzó con una inversión inicial de 10.000 dólares a comienzos de 2012 y que finaliza el año con unos beneficios de 83.925 dólares con una media del 72,76 por ciento de entradas positivas, en el mercado EuroDólar y a dos horas de operativa diaria, generalmente de 15:30 a 17:30 cuando están simultáneamente cotizando las bolsas americanas y europeas.

Summary	Chart	Graphs	Executions	Trades	Periods	Orders	Settings		

Period: Monthly

Period	Cum Profit	DD	SR	Profit p.m.	Net	Gross P.	Gross L.	#	% Win.
01/01/2012	4,66 %	-1,48 %	1,00	4,91 %	$7.450,00	$36.100,00	-$28.650,0	613	70,80 %
01/02/2012	6,29 %	-1,27 %	1,00	6,63 %	$10.162,50	$40.912,50	-$30.750,0	697	72,17 %
01/03/2012	8,00 %	-0,91 %	1,00	8,14 %	$12.775,00	$34.475,00	-$21.700,0	666	75,53 %
01/04/2012	3,09 %	-0,69 %	1,00	3,26 %	$5.037,50	$26.700,00	-$21.662,5	586	70,48 %
01/05/2012	7,98 %	-0,98 %	1,00	7,85 %	$12.387,50	$39.200,00	-$26.812,5	759	74,44 %
01/06/2012	8,69 %	-1,01 %	1,00	9,16 %	$13.100,00	$36.300,00	-$23.200,0	636	70,44 %
01/07/2012	3,89 %	-1,96 %	1,00	3,96 %	$5.975,00	$30.162,50	-$24.187,5	615	72,68 %
01/08/2012	2,42 %	-1,43 %	1,00	2,38 %	$3.787,50	$25.800,00	-$23.012,5	645	70,08 %
01/09/2012	1,74 %	-1,69 %	1,00	2,05 %	$2.737,50	$25.600,00	-$22.862,5	481	69,02 %
01/10/2012	3,74 %	-0,96 %	1,00	3,68 %	$5.950,00	$17.437,50	-$11.487,5	366	74,32 %
01/11/2012	1,70 %	-0,99 %	1,00	1,68 %	$2.725,00	$23.887,50	-$21.162,5	648	70,52 %
01/12/2012	1,12 %	-0,88 %	1,00	2,14 %	$1.837,50	$10.762,50	-$8.925,00	301	72,76 %

Aquí no termina nada, es el comienzo de un camino que cada persona debe hacer, una nueva estación que me lleva a otros destinos deseados, pero para ello tuve que aceptar las siguientes afirmaciones:

■ Después de cada día de operativa, no miro al futuro ya que no puedo predecirlo, simplemente me adapto al mercado mediante un conjunto de reglas claras y definidas.

- En los mercados todo funciona, pero nada está garantizado para trabajar de la misma forma muchos años.

- Es una cuestión de esperanza matemática positiva, se trata de poner todas las posibles probabilidades a mi favor.

- Si encuentro un sistema que tirando un dado me da resultados, voy a por ello. Si se trata de un sistema que he probado estadísticamente en el *software* que utilizo mediante el histórico de mercados y funciona, lo pongo en marcha. Al fin y al cabo, el mercado hace lo que tiene que hacer (subir – bajar o quedarse lateral en un mismo rango de precios), solo se trata de precios al alza o a la baja, no hay muchas más opciones.

- En trading no existen respuestas rotundas, quizás un "suele ser así", quien diga lo contrario o no sabe lo que dice, o al contrario lo sabe muy bien, intenta engañarte o vender algo, engañándote de nuevo. Y es que el mercado está lleno de trampas, que hay que saber identificar.

- Perder en algunas operaciones es parte de este negocio, hay que aprender a lidiar con las pérdidas.

- No hay una manera de convertirse en un operador consistente de manera rápida y fácil. No hay atajos, y la única manera de alcanzar el éxito es formarse adecuadamente, trabajar duro y con disciplina, conocer la estructura del mercado, ganar experiencia y control psicológico tomando únicamente riesgos calculados.

- No confíes en las personas o empresas que te garantizan que te harás millonario en tres meses abriendo una cuenta con 500$. ¡Eso no es cierto!

- Practica en cuentas simuladas con el mismo capital que comenzarás en tu cuenta real. Aunque practiques con una cuenta demo de 50.000$ ¿cuándo abras tu cuenta real también dispondrás de ese dinero?, las estrategias de operación son totalmente distintas entre una cuenta de 5.000$ y otra de 50.000$.

¿Qué te ofrezco? ¿Qué hago diferente?
Mi valor añadido…
En mi página Web www.tradingparatodos.com podrás observar los servicios profesionales que te puedo ofrecer, tanto si quieres iniciarte como si ya estás operando.

¿De verdad es posible aprender a operar en dos meses con tan solo una guía escrita y una promesa de formación o asistencia telefónica gratuita? La respuesta es NO ¡mensaje inadecuado y falso! La red está llenándose de fábulas y trampas que hay que saber identificar.

Mi compromiso es formarte como trader para que obtengas la necesaria destreza técnica y base psicológica, para operar en el mercado, aprender el negocio y luchar para que tus resultados sean consistentes en el tiempo.

Te enseñaré el camino y te ayudaré a crear el tuyo propio, tu propio sistema, tengo comprobado que nadie hace dos entradas y salidas iguales en el mismo punto del mercado. Mi metodología es adecuada para aquellas personas que quieran conocer la profesión, los procesos, qué cosas hacer y cuáles no, y qué le puede salvar de situaciones comprometidas y que le ahorrarán mucho dinero y tiempo.

Claro que se puede ganar un buen sueldo en dos horas al día, pero no engañes ni te dejes engañar. Es necesario pasar por un proceso formativo estructurado, conocer los conceptos y el argot, practicar delante de las pantallas para desarrollar la capacidad de leer los gráficos, probar tus sistemas y adaptarte psicológicamente viviendo la experiencia de operar.

Acompáñame en esta experiencia, te aseguro que ¡valdrá la pena! Aprenderemos juntos. ¡Sé parte del inicio de algo grande! ¡No dejes que te lo cuenten!

NOTA: Este proyecto no es para todas las personas, solo para aquellas que deseen buscar la libertad financiera trabajando en equipo, pero sobre todo, sacando el tiempo para capacitarse y aplicar lo aprendido!

Si NO quieres perderte nada de lo que cuento en mi blog, www.trasingparatodos.com , te animo a que te suscribas gratis y recibas un interesante regalo de bienvenida.

Con aprecio,

José María López Serrano

www.trasingparatodos.com

Los 10 Factores Clave Para Triunfar En Los Negocios

Por Nicolás Quintana

¡Hola!

Mi nombre es Nicolás Quintana y lo que te voy a mostrar aquí es fruto de mi experiencia en el mundo de los negocios y del emprendimiento.

Desde niño me impregné de todo lo que tenía que ver con el mundo de la empresa y del emprendimiento ya que desde que tengo uso de razón siempre he visto a mi Padre(a quien siempre admiraré profundamente por su capacidad y tesón) involucrado en la creación de negocios exitosos y para mí eso ha sido siempre algo natural en mi vida.

El problema vino cuando comencé mi andadura empresarial creyendo erróneamente que lo que yo conocía hasta ahora de los negocios de la mano de mi Padre iba a ser para mí algo así como "coser y cantar" dando por hecho que yo iba a tener éxito al igual que lo obtuvo él.

Esto me llevó a darme batacazos realmente estrepitosos de los cuales aprendí muchísimo, pero fue algo indispensable en mi vida ya que sin ellos no habría llegado al éxito que disfruto hoy en día.

En la actualidad sigo viendo cómo muchas personas se "lanzan a la piscina" y crean su propia empresa pensando más con el corazón (sentimientos y emociones) que con la cabeza(siendo analítico y racional), por ejemplo sin realizar un estudio de mercado exhaustivo o sin analizar si ese nicho de mercado está sufriendo o sufrirá una transformación debido a las "cambiantes" necesidades actuales.

De ahí la estadística conocida de que el 90 por ciento de los negocios que se abren no llegan hasta el quinto año de vida y del 10 por ciento de los negocios que pasan el quinto año, solamente el 2 por ciento consigue llegar hasta los diez años. Por supuesto que hay muchas variables que pueden hacer que los negocios y los mercados cambien y que tengan que renovarse pero sin duda una mala planificación también está detrás de un alto porcentaje de fracasos.

Tener entusiasmo, ilusión y ganas no es suficiente para poder triunfar en tu nicho de mercado, necesitas aplicar los 10 factores que te voy a compartir a continuación para poder llevar a cabo tu empresa con éxito.

Por supuesto que existen muchos más factores a la hora de tener éxito en un negocio pero considero desde mi experiencia empresarial y después de estudiarlos meticulosamente que estos diez son los más importantes.

"Los 10 factores Clave Para Triunfar en los negocios" va a ayudarte a acortar tu curva de aprendizaje. Por supuesto que se presentarán complicaciones como en cualquier negocio pero si te enfocas y trabajas en dichos factores los escollos que te aparezcan en el camino vas a poder solventarlos cada vez con menos dificultad, te van a hacer más fuerte y conseguirás una base estable sobre la que construir tu exitoso negocio.

"El Emprendedor debe tener preparación"
Para muchas personas, la figura del abuelo es muy significativa.

Esto obedece a que el abuelo es de alguna manera el sabio de la familia en virtud de su edad y la experiencia vivida.

Recuerdo que un amigo siempre insistía antes de que comenzáramos algún proyecto juntos en uno de los enunciados más sabios de su abuelo. Según mi amigo, el abuelo siempre le decía la siguiente frase:

"El Saber no te quita espacio en tu cerebro, así que prepárate y aprende todo lo que puedas antes de emprender actividad alguna"

Considero que nadie dudaría que estas palabras están cargadas de profunda sabiduría. De tal manera que si transfiriéramos esta "perla de sabiduría" al tema que nos ocupa, el cual tiene que ver con nuestra capacidad de "Emprender", podríamos enfatizar claramente lo siguiente:

"Un emprendedor debe prepararse antes de un emprendimiento. De hecho, debe tener un mínimo de preparación a modo de reducir el margen de error y de esa forma acercarse lo máximo posible a la excelencia".

Evidentemente que debe tener equilibrio porque de lo contrario podría caer en una "actitud obsesiva perfeccionista". Y en este "extremo de la ecuación" tendría como resultado probable la parálisis total de su proyecto hasta tanto se hubiere conseguido el nivel de refinamiento y perfección exigidos.

En este sentido se configuraría un factor limitante muy nefasto, por lo que lo más recomendable es tener cierta preparación en torno justamente a nuestra participación en la emprendeduría que vamos a llevar a cabo.

Dicho esto, lo más aconsejable es distinguir un poco la estructura que debemos tener en cuenta a modo de hacer una evaluación aproximada que nos de luz sobre, "qué aspectos podríamos investigar, desarrollar y aprender".

Por ejemplo, todo emprendimiento comercial requiere un previo análisis del mercado ¿verdad?

Esta es la única vía que nos permitiría saber entre otras cosas, el tipo de cliente potencial que consumiría nuestros productos o servicios. Cuál sería su perfil objetivo, sus características demográficas, etc.

Esta tipología definiría en gran medida nuestro "avatar". Una vez que conocemos nuestro avatar sabremos cómo hablarle, cómo dirigirnos a él, entenderíamos sus necesidades (incluso su dolor), sus frustraciones, sus sueños y anhelos, y todo un largo etcétera que rondaría alrededor de la figura más importante de cualquier empresa comercial: "El cliente".

De aquí nacen elementos como la empatía, tan necesaria para ser capaces de ponernos en los zapatos de ese individuo y de esta manera desde su propia perspectiva, comprenderlo.

También un estudio de mercado nos aportaría mucho en función al producto o servicio que pensamos ofrecerle a nuestro consumidor objetivo, en cuanto a su calidad, propuesta comercial, funcionalidad, calidad.

Lo mismo sucedería con detalles en relación a la "competencia" que tendremos en ese nicho de mercado. En este sentido siempre será importantísimo conocer los precios de sus productos, su calidad, la demanda que estos tienen en el mercado, qué necesidades satisfacen y mucho más.

Una pregunta que no falla cuando nos encontramos en un punto crítico de nuestro "estudio de Mercado" es la siguiente:

¿Por qué la gente debe comprarme a mí y no a mi competencia?

Seguro estarás de acuerdo conmigo en que la respuesta a esta inquietud nos brinda un completo bosquejo sobre nuestra oportunidad en ese mercado. ¿Cierto? Así como satisfacer otros factores que surgirán a raíz de dar una respuesta concreta a dicha interrogante.

Por otra parte, un emprendedor debe conocer aspectos esenciales a nivel de análisis técnico sin duda alguna y en fin, hay todo un mundo que dicho "emprendedor" debe conocer como poco, someramente.

Y cuando digo esto me refiero a que obviamente se puede "delegar" a especialistas así como subcontratar, etc. En todo caso lo importante es que una vez que el emprendedor cultiva su "preparación", sabe justamente sus prioridades, necesidades, lo que debe hacer, a quién subcontratar, qué acciones ejecutar, poder armar su plan de negocios (conocido como Business Plan) y muchos aspectos que un neófito desconocería y que seguramente le harían más pesada y difícil la tarea.

De tal manera que recurramos al axioma del abuelo de mi amigo, si queremos ser unos extraordinarios y exitosos emprendedores ¿de acuerdo?

De lo contrario podríamos caer en el mal hábito de la "improvisación mediocre", que lo único que tiene de bueno es la audacia que esta lleva intrínseca pero que se desmorona en el tiempo dada la insuficiencia de las acciones efectivas que deberían acompañarla en esta travesía.

"La Claridad es Poder"

Se cuentan por millones en el mundo los que afirman que el señor Anthony Robbins (Tony Robbins) es el "Motivador N° 1 del mundo.

Realmente, a juzgar por sus resultados tal pareciera que esto es totalmente cierto e indiscutible.

Sus talleres alrededor del mundo se llenan de miles de personas y los precios de cada "Ticket" por asistir a dichos eventos generalmente oscilan entre 1500 a 2500 USD.

Prácticamente para Tony Robbins, cada taller que dicta representa una fortuna, de tal forma que nadie puede dudar de su exitosísima carrera como "Motivador", incluso aquellos que discrepan de su estilo o personalidad.

No obstante el punto al que quiero llegar es el siguiente...

Tony realizó estudios de Programación Neurolingüística con uno de los fundadores de esta tecnología de programación mental, y efectivamente tales estudios le han servido mucho a lo largo de su carrera.

Provisto de muchos recursos heredados de la PNL, Tony realizó por muchos años un estudio sobre las "personas exitosas financieramente", comúnmente les llamamos de forma generalizada: "Millonarios".

Aunque el éxito sabemos que es algo muy abstracto como concepto y al mismo tiempo muy relativo, el hecho que una persona proveniente de la pobreza, llegue a ser millonario, de alguna forma nos habla de un tipo de éxito que tiene la ventaja de poderse medir matemáticamente. ¿Entiendes la idea?

Es decir, como el dinero se puede contar, el mismo involucra números, y los números se pueden medir. Por lo tanto, existe un hecho que aunque relativo, nos habla en términos de concreción de objetivos "cuantificables". ¿De acuerdo?

De esta manera, cuando se hacen estudios de personas que de la nada han llegado a acumular y a mantener grandes fortunas, le llamamos a estos personajes "Personas de Éxito", porque independientemente que puedan tener fallas en otras áreas de su vida, por lo menos sabemos desde una perspectiva cuantificable que han sido exitosas en cuanto al dinero.

Volviendo al tema después de divagar un poco a propósito por mi parte, te decía que Tony Robbins durante muchos años estudió a "millonarios" pero también en su investigación incorporó el análisis conductual si se quiere, de personas fracasadas, pobres, con resultados por debajo del promedio.

De esta manera pudo hacer una buena comparación y un buen contraste.

¿Te gustaría saber de forma resumida el resultado de dicho estudio? ¿Verdad que sería harto interesante?

Presta atención...

Tony finalmente concluyó que los ricos y millonarios, eran personas que tenían en sus mentes, imágenes nítidas, refulgentes, a *full* color, claras y precisas de sus objetivos con respecto al dinero.

En caso contrario y contrastante, los pobres tenían imágenes muy difusas, grises, poco claras, poco definidas de lo que era el éxito financiero, pero sí que tenían imágenes muy claras y además "muy presentes" de todo lo que significa carencia, pobreza y escasez.

Son personas que hablan con mucha dilucidación de "la crisis" que viven, pues la tienen muy detallada en sus mentes.

¿Te das cuenta de lo que esto significa?

Si transferimos esto al tipo de "Mentalidad" que todo emprendedor debe cultivar, sabremos inmediatamente que lo más importante en todo emprendimiento es "Tener unos objetivos muy claros, definidos y precisados".

¿Me sigues?

De hecho, tenemos que tomar en cuenta que mientras son más cercanos y "claros" estos objetivos, más consiguen activar respuestas fisiológicas en nuestro organismo (para bien o para mal), y esta fisiología puede ayudarnos, impulsarnos y apalancarnos pero también puede paralizarnos, debilitarnos o empobrecernos, según la naturaleza de la misma (*en PNL le llamaríamos "asociados" o "disociados" a los objetivos según estos estén claramente definidos o difusamente definidos*).

¿Lo ves?

Por lo que debemos comprender a ciencia cierta antes de involucrarnos en emprendimiento alguno, que necesitaremos definir con alta precisión los objetivos.

En otras palabras: "La claridad es Poder".

"Hoy es el Mejor Día de tu Vida"
Como vimos con anterioridad, es imprescindible la claridad de propósito a corto, mediano y largo plazo, ¿correcto?

Sin embargo, nunca, pero nunca debemos olvidar que "la vida no es más que este momento presente".

Todo lo anteriormente mencionado en el subcapítulo que antecede a este es indiscutible y trascendente, pero para efectos "experienciales" de la vida, lo único que cuenta es el momento presente, el día de hoy, porque de alguna manera es la referencia que tenemos de vivir.

Tú sabes que estás vivo "porque en este momento lo ratificas" ¿cierto?

Y si esto es así, nada sería más inteligente que transferir esta claridad de objetivos también para el día a día.

Y detrás de estos objetivos debe haber uno que sin duda tiene que resaltar y es el siguiente:

"Hoy es el mejor día de mi vida"

¿Qué tal si te atrevieras a preparar por anticipado tu día, y los acontecimientos más relevantes, anticipando los éxitos, logros y satisfacciones que tendrías durante el desarrollo del mismo?

Ojo, esto tiene una implicación cuántica impresionante, solo que es materia de otro libro y además, muy extenso).

Una persona de éxito, de hecho, un emprendedor como tal, debe preparar su día, programarlo, y anticipar de esta manera, que cada día siempre lo vivirá al máximo y con plena consciencia de ello.

Es obvio que siempre tendremos que dar un espacio para la flexibilidad, pues también es cierto que existen variables y elementos que pueden surgir. Nadie está exento de esta realidad.

Pero es que aunque las cosas no salieran con precisión quirúrgica como las hubiéramos planeado, el hecho de disfrutar por anticipado de los éxitos del día, ya es un efecto positivo, renovador y magnífico para nuestra vida.

¿Notas ya a dónde quiero llegar?

Debemos tener a su vez los objetivos de nuestro día, claramente definidos y disfrutar por adelantado de estos logros.

No obstante ser lo suficientemente flexibles y maduros a nivel consciencial, nos hará comprender las infinitas variables que se pueden presentar.

Aún así, eso no nos priva de una buena dosis de motivación con el solo hecho de contemplar nuestros flamantes éxitos por adelantado.

Si te das cuenta, estás sintonizando "cuánticamente" para "generar" una realidad que deseas, pero además como tienes bien claro "cómo quieres que sea ese día", seguramente eso permitirá activar partes de tu cerebro que se encargarían de articular en la medida de lo posible, esa realidad.

En este caso podríamos estar hablando del "lóbulo frontal", por ejemplo.

Se piensa que esa parte maravillosa de nuestro cerebro es capaz de articular todo nuestro potencial en función a aquello que hemos determinado.

Tal y como puedes percatarte, aquí existe un requisito "sine qua non" el cual es justamente el fundamento de este capítulo, que empieza precisamente por "Determinar".

¿Determinar qué?

Determinar cómo quieres que sea tu día.

¿Determinar qué?

Determinar que este sea el "Mejor día de tu vida".

Realmente como seres humanos NO nos podemos permitir que el azar y el caos gobiernen nuestras vidas.

Quien de esta forma actúa ha cedido inconvenientemente esta obligación.

"Decreta Exactamente lo que Quieres"
Sé que de pronto al leer este encabezado piensas que pueda haber una redundancia, porque de alguna forma ya hablamos de "tener objetivos claramente definidos" en las páginas anteriores.

Pero realmente no es así y ya verás por qué…

Una cosa es definir lo que queremos y otra cosa es "decretar" lo que queremos.
¿Me sigues la idea?

Por otra parte podemos añadirle una carga muy poderosa que se alimenta del "inconsciente colectivo" (también podríamos llamarle: el campo mórfico global).

Esa fuerza "creativa" por llamarlo de alguna forma, se la añade al "decreto" cuando este es por escrito.

Asumo que estoy divagando un poco, pero créeme que lo hago aposta a modo de generar un poco de tensión en tu "intelecto". Permíteme explicarme…

El verbo "decretar" tiene una connotación algo mística, incluso si se quiere, "metafísica", pero muy vigorosa. Esta fuerza que emana surge de su propia naturaleza.

Podemos decir que "decretar" es concretamente, dar poder (puede ser a una persona, a una institución, organización, etc.).

Metafísicamente sería como "dar poder al ser humano a través del verbo", lo cual tiene implicaciones muy espirituales e intrínsecas relacionadas con lo humano, pues se supone que "El Creador" usó el verbo para "Crear", y a nosotros nos "Creó" a su imagen y semejanza.

¿Te das cuenta?

Cada ser humano tiene implícito el Don de Crear a través del verbo, y en este sentido nada más sinérgico para estos fines que "El Decreto". Por esta razón argumenté la importancia de decretar lo que queremos.

Pero aún te debo otra explicación…

Te dije que podíamos añadirle una carga de poder adicional y que la misma descansa sobre el "Campo mórfico global" en virtud de decretar por escrito.

¿Acaso tiene algo que ver?

¡Verdaderamente y definitivamente sí!

Nosotros como colectivo hemos dado fuerza a muchas cosas a través del desarrollo de la vida, desde que existimos en este mundo y por medio de cada uno de los seres que en algún momento han existido.

Es un reino de lo sutil, es un reino mental, es un reino esencial, que nos ha permitido "evolucionar" porque de alguna manera, todo aprendizaje humano, toda idea, todo descubrimiento, toda hazaña, toda experticia, toda habilidad o destreza, todo concepto, toda idea…

En fin, todo lo que pase por el reino de los pensamientos, está allí, en esa dimensión morfogenética, y la misma ha servido para las funciones adaptativas de evolución humana.

Por ejemplo, ahora vemos que los niños nacen con habilidades extraordinarias para manejar dispositivos electrónicos e informáticos, cuando hace poco tiempo a nosotros nos costaba mucho adaptarnos…

No obstante, todo nuestro aprendizaje como humanidad y así el desarrollo de destrezas ha pasado a ese campo mórfico global con lo que ahora ya las nuevas generaciones traen esas habilidades intrínsecas de forma instintiva ¿lo ves?

Muy bien, ahora voy a explicar a qué me refiero con la fuerza que tiene escribir nuestros decretos, no creas que me he olvidado, al contrario, he generado contexto preliminar muy a propósito.

En esos campos morfogenéticos reposa el poder de lo escrito como "sentido de pertenencia" (son asociaciones inconscientes y analógicas que compartimos prácticamente como elementos arquetípicos).

¿Por qué razón?

Desde siempre hemos atribuido sentido de pertenencia a lo escrito mediante muchas "costumbres" como sociedad.

Por ejemplo, tú sabes que te llamas como te llamas porque así está "escrito en un papel" (en tu acta de nacimiento) ¿cierto?

También sabes cuando algo te pertenece legalmente porque está "por escrito".

Por ilustrarte te diría que, alguien puede regalarte su coche nuevo o su casa si lo desea, pero hasta tanto eso no figure y conste por escrito, legalmente hablando nada de eso es "tuyo" oficialmente. ¿Me sigues?

Esto significa que como humanidad y como sociedad organizada, desde hace siglos hemos venido dándole fuerza y poder (a nivel del campo mórfico global) a lo que está decretado por escrito.

Esa energía está allí presente en el reino de lo esencial y cuántico.

Por lo tanto, cuando decretamos eso que queremos, le estamos otorgando en si un poder especial, en este caso el poder del verbo que en esencia es creador.

Pero si este decreto lo escribimos, activamos una sinergia maravillosa, en virtud de agregarle la fuerza que le imprime el "sentido de pertenencia" que está dentro del inconsciente colectivo. ¿Lo ves más claro ahora?

Es una concordancia poderosísima. Es toda una simbiosis energética.

Y esa es mi sugerencia para ti en lo que concierne a este apartado del libro:

No solo determina con claridad lo que quieres, sino adicionalmente "decrétalo" y que ese decreto sea por escrito.

"Para Qué Trabajas"
En una oportunidad escuché un audiolibro del doctor Camilo Cruz en donde compartía las curiosas respuestas del tipo de persona promedio a la pregunta: "¿Para qué trabajas?"

Palabras más palabras menos, él comentaba que la mayoría de las respuestas giraban en torno a hechos poco concretos, más bien muy abstractos.

Respuestas del tipo: "porque tengo que pagar las facturas", "porque tengo que comer", "porque si no me quedaría en casa sin nada que hacer", "porque tengo que ir a trabajar", no se hicieron esperar.

En este punto deseo detenerme a establecer una clara diferencia semántica que parece que la persona promedio confunde.

Una cosa es "para qué trabajas" y otra muy diferente es "por qué trabajas".

Los "por qué y los "para qué" son distintos totalmente, pero es que además, si no los diferenciamos caemos en un limbo bastante desesperanzador. En razón de ello, perdemos motivación, ilusiones, etc.

El tipo de pregunta "por qué haces (tal cosa)", es prácticamente abstracta y ambigua porque de alguna manera, tú haces lo que haces justamente por eso, "porque lo haces". Aparte, existirán muchísimas razones que dan cuenta del por qué haces lo que haces. Te lo ilustraré con algunos ejemplos:

¿Por qué comes? Ante esta pregunta podrías responder cosas como:

Porque tengo hambre, porque me gusta comer, porque soy un ser humano, porque necesito alimento para sobrevivir, porque decidí comer, porque me invitaron…

¿Te das cuenta?

¿Por qué Trabajas? Porque necesito dinero, porque tengo un empleo, porque estoy vivo, porque me ofrecieron un trabajo, porque me gusta, porque tomé la decisión de trabajar, porque quiero…

Si te das cuenta, cuando a las personas les preguntaron en aquella encuesta en cuestión "para qué trabajaban", respondieron más bien a la pregunta "por qué trabajaban", ¿verdad?

Si hubieran respondido según la verdadera naturaleza de la pregunta, sus respuestas hubieran sido distintas, siempre y cuando lo tuvieran claro, eso sí.
Y el caso es que como la mayoría de la gente no lo tiene claro, simplemente respondían erráticamente a la pregunta formulada.

Cuando entendemos el "para qué", este se armoniza con un fundamento, y ese fundamento tiene un significado que nos puede motivar, impulsar, retroalimentar, activar.

Por darte una mejor idea, ante la pregunta "para qué trabajas", la respuesta podría ser:

· "Trabajo para darle la mayor calidad de vida posible a mi familia".

· "Trabajo entre otras cosas, porque estoy ahorrando un dinero a modo de
    poder comprar una hermosa casa para cuando me case".

· "Trabajo para que a mis hijos no les falta nada".

¿Me sigues?

Es un sentido más trascendente en realidad, si te pones a verlo de forma concreta.
Incluso, este ejercicio de hacer lo que estás haciendo puede ser solo parte de un plan mayor, que involucre crecimiento y expansión.

Mientras tanto puedes estar trabajando, pero quizás tienes ya proyectado con miras a futuro montar tu propia empresa y desde la misma crecer más, y esta sería de pronto más propicia para conseguir el objetivo. ¿Qué objetivo? El objetivo que se conecta con "el sentido de lo que haces".

Trabajas si, pero ese no es tu fin, tu fin es tener el dinero para montar una gran empresa que pueda ir creciendo y te permita llegar a ser multimillonario. De esa forma podrías llevar a tus hijos a pasear por el mundo, dotarlos de buen vestido y de buena alimentación, asegurarles la mejor educación y la mejor cobertura de salud, entre otras muchas cosas por las que consideras que "vale la pena hacer lo que haces".

Así que mi sugerencia es concretamente, que respondas para tus adentros "Para qué trabajas". Cuál es la razón "trascendente" de hacerlo.

Porque de lo contrario, si no encontrases una razón de trascendencia, sinceramente debes replantearte hacer lo que estás haciendo, ya que no tendrías un sentido verdaderamente poderoso.

Pero si encuentras un propósito trascendental, todo lo que hagas tendrá un sentido, y adicionalmente te re-energizarás con solo contemplar por anticipado esos "resultados" que integran tu razón de hacer lo que haces.

"Por qué hacemos lo que hacemos" tiene muchas respuestas, casi infinitas, pero tener claridad en cuanto a "para qué hacemos lo que hacemos", nos lleva a un estado de excelencia. Esa es mi invitación para ti, que llegues a descubrir tu "para qué".

"El Rango de Nuestra Visión"
Deseo comenzar este apartado en el cual desarrollaré aspectos importantes en cuanto a nuestra capacidad de "visión".

Mi intención será la de contrastar un poco "la visión de la persona promedio" en cuanto a sus posibilidades en materia de dinero.
La razón obedece a que la mayoría de las personas que se encuentran en un estado de "escasez", tienen una percepción generalizada y a menudo hacen "transferencias" de esa percepción. No es de extrañar que frases como:

"Con la que está cayendo", "con el alto costo de la vida", "es que con esta crisis", son frases a la orden del día en cualquier esquina, bar o punto de encuentro entre personas.

En días pasados por ejemplo, un chico que me atendía en un bar me dijo con un tono de seguridad y convicción, lo siguiente:

"Es que amigo, con la que está cayendo, ¿quién va a ir al cine?, si a uno no le alcanza ni para las palomitas".

Te confieso que quedé literalmente asombrado porque entre otras cosas, siempre que voy al cine las salas están llenas y las colas para adquirir las entradas tienden a ser muy largas...

Como podemos deducir, es un punto de vista "particular" de este individuo que a su vez ha transferido a "los demás". Así que me gustaría mencionar algunos usos curiosos que han realizado personas con su dinero y que definitivamente rayan en lo extravagante y nos brindan un contraste que cuando menos es "interesante" en cuanto a la "crisis" que vivimos...

¿Sabías por ejemplo que un canadiense compró un diente de John Lennon por 31.200 dólares americanos?

Diría alguien por ahí... ¡Y luego se quejan de lo que cobran las clínicas odontológicas" ^_^

Te pregunto, ¿A quien se le ocurriría pagar medio millón de dólares por un par de pistolas que se usaron para atracar y robar?

Pues bien, un multimillonario de Texas, compró las armas que llevaban al morir los mafiosos Bonnie & Clyde, la famosa pareja que robaba y atracaba por doquier y que ha sido fuente de inspiración para novelas y películas de cine.

¿Paradójico no?

También se sabe mediáticamente de una persona que compró unos guantes que pertenecieron a Mohamed Ali, por más de un millón de dólares.

No menos curioso es que París Hilton haya pagado más de un millón de dólares por un pedacito de tierra al lado de la tumba de Marilyn Monroe, ¡para enterrar a su cabra!!

Por mencionarte una extravagancia más, un ruso con 300 millones de dólares. Se compró un barco llamado Yate A, es un buque de guerra con sensores de movimiento, inhibidores de radar y cristales tintados. Tiene una longitud de largo mayor que un campo de fútbol...

Ahora permíteme comentarte algunos hechos actuales que también pueden ser impactantes y contrastantes...
Por ejemplo, se dice que la economía de Brasil actualmente fabrica más de 20 millonarios por día. (¿Qué, y acaso no estamos en crisis?)

¿Sabías por ejemplo que la Internet produce miles de millonarios "de menos de 30 años de edad" cada año?

Un hecho inédito en la historia de la humanidad: Gracias a Internet, niños (sí, niños) se han hecho literalmente millonarios.

Y no son pocos los casos, son muchísimos. Desde niños que han creado videojuegos, otros han ganado dinero por ser campeones de videojuegos (que a su vez generan ganancias), y muchos por diversas iniciativas que se han masificado a lo largo y ancho de Internet.

Tal es el caso de una niña que comenzó a comercializar sus "secretos de familia" para conseguir un cabello extremadamente brillante, o un niño que creó una organización para fomentar el tipo de mentalidad ecológica que salvaría al planeta.

Hace un año más o menos para el momento en que escribo este capítulo, presentaron en la televisión un programa llamado "Millonarios por YouTube".

Fue literalmente impresionante ver cómo miles de personas alrededor del mundo se han vuelto millonarias gracias a publicar videos en YouTube.

Recuerdo por mencionarte algunos, que una pareja se volvió millonaria por subir sus videos de sus bebés y sus travesuras. Estos videos se hacen infinitamente virales y se comparten por todas las redes sociales.

Otra personaje se hizo millonario por subir videos de sus mascotas, una chica por dar consejos de maquillaje, una anciana por enseñar trucos para resolver todo tipo de circunstancias, desde planchar una camisa en solo un minuto, quitar una mancha en segundos, hasta realizarse un moño formal para asistir a un evento social de última hora…

Existen casos de personas minusválidas que se han convertido en "celebridades" gracias a YouTube, mostrando sus talentos para cantar, o exhibiendo proezas que realizan aún con su minusvalía, o simplemente dando consejos para elevar la autoestima, erigiéndose así como figuras y modelos a seguir en la vida.

¿Te das cuenta?

Lo que he querido con estos datos, es un poco impactar la mentalidad de todas aquellas personas que quizás sin concientizarlo, sienten que no existen posibilidades de incrementar lo que podríamos denominar "Su termostato financiero".

Este es un término que ha puesto muy de moda el también y "singular" millonario, T. Harv Eker, escritor del libro "Los Secretos de la Mente Millonaria".

Él se refiere a que todos tenemos una especie de válvula financiera en nuestra mentalidad. Según ese termostato esté alto o bajo, así serán nuestros resultados en materia de dinero.

Por ejemplo, según T. Harv Eker, Donald Trump, el famoso millonario de Estados Unidos dueño del certamen "Miss Universo" e ideólogo y conductor del programa de TV "El Aprendiz", posee un termostato financiero de miles de millones de dólares.

Esto lo demostró con creces cuando en una oportunidad llegó a perder todos sus bienes y quedó en la ruina...

Al poco tiempo se levantó y resurgió como el Ave Fénix, y ya había ganado cientos de millones de dólares.

Sin embargo, él no estaba conforme hasta tanto no lograra acumular miles de millones de dólares en su haber. ¿Te das cuenta de lo que esto significa?

Ahora sería conveniente pensar en el "termostato financiero" de la persona promedio de la humanidad, esa de a pie de calle con la que tropezamos día a día.

¿En donde crees que estará situado su termostato financiero a nivel de dólares o euros?

¿Acaso en millones de dólares, en cientos de miles de dólares, en decenas de miles, en miles o incluso, solo en cientos de dólares?

¿Qué crees tú a juzgar por los resultados?

Lamentablemente los más negros pronósticos se cumplen. La mayoría de las personas en el planeta poseen un termostato financiero por debajo de 1000 dólares de ganancias al mes, y en países de economía emergente esto es significativamente mucho más bajo.

Realmente existe algo "más allá" en materia de posibilidades financieras de lo que la mayoría de las personas somos capaces de ver.

Quienes logran ver con el potencial y conectar con la posibilidad, asociado a una mentalidad correcta de emprendimiento, y ligado a un espíritu de avance y evolución en tal sentido, son los que luego nos sorprenden con este tipo de resultados financieros.

En virtud de todo lo narrado, te invito a incrementar tu válvula financiera para que la sumes sinérgicamente a todo tu potencial.

De esta manera te asegurarás de escalar y escalar conforme a ese termostato para conseguir resultados trascendentes en tus empresas.

¡Espero que así sea!

"Identifica qué Tipo de Emprendedor eres"
Identificar qué tipo de emprendedor eres no te hace ni más ni menos que cualquier otro emprendedor brillante y exitoso.

Al contrario, te brinda la oportunidad de escanear tu perfil de emprendeduría, tus capacidades, tus fortalezas y así también tus debilidades y carencias.

De esta manera serás capaz de rodearte de un equipo que supla lo que a ti te falta y potencie lo que a ti te sobra.

La sinergia va a nacer de esta interacción humana, a modo de lograr resultados por encima del promedio.

Pero antes es imperioso que te evalúes en esta materia porque de lo contrario no sabrás identificar lo que te sobra y lo que te falta. ¿Lo ves?

Paso a explicarte mejor esta propuesta...

Existe un tipo de emprendedor de arranque (por llamarlo de alguna manera). Es el tipo de personas que cuentan con un combustible muy poderoso y una energía de impulso muy explosiva, suficiente para poner en marcha cualquier proyecto o idea que llegue a su cabeza en un momento de "musa" o inspiración.

Esto es literalmente extraordinario porque sabemos que un camino de mil kilómetros se empieza dando un primer paso. Si nunca damos ese paso jamás llegaremos a ningún lugar en ese camino.

Por muy lógico que esto pueda sonar, la verdad es que muchos emprendedores nunca dan ese primer paso...

Pero afortunadamente se cuentan por muchos los que sí. Son capaces de visualizar un proyecto y a su vez sentir una energía de impulso que los lleva a moverse a comenzar tal proyecto, meta u objetivo.

El único problema que se presenta en este tipo de personas es que al ser un tipo de energía muy explosiva, al "quemar" demasiado combustible en el inicio, es probable que este se consuma demasiado rápido ¿ves por donde voy?

Lo que suele ocurrir en este tipo de casos es que ese emprendedor, toda vez que ha agotado su combustible de despegue, se debilita en consecuencia y le cuesta mucho terminar lo iniciado, o no digamos terminarlo o concluirlo, sino más bien "mantenerlo"...

Este tipo de resultados es típico. Son personas muy creativas y su verdadera motivación (combustible) radica realmente en "poner en marcha el emprendimiento". Hasta allí les llega la gasolina.

Esto no es malo siempre y cuando se puede complementar con otro perfil de emprendedor que sea al contrario y más bien complementario.

Estos otros son de la tipología siguiente:

No son muy buenos para poner en marcha proyectos porque tienden a ser muy conservadores, cuidan mucho los detalles, etc.

Les falta algo de energía de arranque, sin embargo, sí son muy capaces de administrar muy bien su tipo de energía a modo de sostener y perpetuar cualquier proyecto ya iniciado.

¿Te imaginas la sinergia entre estos dos tipos de emprendedores?

¿Qué sería en todo caso lo inteligente al conocer en cual clasificación entras como emprendedor?

Obviamente en buscar complementariedad en tu equipo.

No hay que ser muy inteligente para entender esto, no obstante son aspectos que muchas veces descuidamos y es muy sabio tenerlos a la mano definitivamente. ¿No lo piensas así?

A ver, haz por un momento un ejercicio retrospectivo. Revisa en el baúl de tus recuerdos los proyectos que has iniciado, busca si los mismos han sido perdurables o si los has sustituidos por nuevas ideas y nuevos proyectos…

Recuerda a su vez si alguna vez has trabajado para el proyecto de alguien más, y en ese caso, cómo te comportaste, ¿acaso pusiste todo tu empeño para mantener ese barco a flote?

Haz una introspección y toma nota de esos datos porque como hemos visto, serán determinantes para identificar qué tipo de emprendedor eres.

"Miedo al Éxito"
Sé que esta frase: "Miedo al éxito" suena un tanto contradictoria. Soy consciente de ello.

Realmente suena muy extraño que alguien le pudiera temer a su éxito, puesto que tal pareciera, todos buscamos tener éxito ¿no es cierto?

Por muy extraño que pudiese sonar lo anterior, ese miedo existe y está presente en más personas de lo que podríamos pensar.

No es un miedo consciente generalmente, sino un miedo inconsciente, producto de malas programaciones mentales que podríamos tener desde niños.

Estas programaciones mentales son como "neuro-asociaciones" que nuestro cerebro ha realizado mediante conectar respuestas fisiológicas con ciertos estímulos, para así crear posibles "analogías" a modo de supervivencia a futuro, cuando se pudiese presentar un hecho igual o parecido.

Para poder entender mejor esto, es bueno recordar que nuestra mente inconsciente es altamente simbólica y analógica, no es racional ni usa la lógica para grabar sus programas.
Es más bien reactiva e instintiva antes de ser sensata o ecuánime.

Esto no es malo ni bueno, simplemente es un mecanismo que dicho sea de paso, nos permitió sobrevivir a un pasado hostil, en donde permanentemente nos enfrentábamos a peligros como por ejemplo salir de caza (hablo de tiempos primitivos).

De esta forma, en ese proceso de evolución y crecimiento, si comíamos algo y nos caía mal, no lo volvíamos a comer, si tocamos el fuego y nos quemamos, no lo volvíamos a tocar, si pasábamos por un lugar y algo nos ocurría, no volveríamos a transitar por allí a menos que llevásemos algún tipo de recurso para defendernos. Etc.

Así se supone que fue la vida de nuestros antecesores y así fue a su vez como ese mecanismo de defensa y supervivencia intrínseco del hombre, nos permitió superar incontables pruebas que nos fueron llevando progresivamente a lo que somos hoy.

No obstante, ese mecanismo persiste en nosotros y debemos

aprender a conocerlo y a controlarlo cuando no es capaz de ser ecuánime en sus apreciaciones en función al peligro o a los miedos subyacentes. ¿Te das cuenta?

Voy a intentar ilustrar mejor esta idea y sé que así seré más claro en mi razonamiento.

Imagina a un niño, viviendo en un hogar en donde la pobreza está presente, y las carencias, las necesidades y la falta de dinero representan una realidad existencial.
Piensa que durante sus primeros años de vida, este niño no tiene apreciaciones intelectuales sobre el dinero, lo que sí tiene son "asociaciones emocionales" con el mismo, porque entre otras cosas intuye, que el dinero es fuente de todo mal.

Luego un día escucha que "el dinero es sucio, que el dinero es malo, que trae sufrimiento por culpa de la ambición de los hombres", entre muchos comentarios que la sociedad acostumbra vociferar.

Evidentemente que esa parte inconsciente ha estado haciendo "neuro-asociaciones" de esas experiencias vividas ¿alguien lo duda?

En su parte más profunda de la mente, se han creado asociaciones analógicas con respecto al dinero, en donde el simbolismo y la representación del mismo estará ligada a elementos nocivos y negativos.

Porque precisamente estas asociaciones llevan implícitamente todo un coctel fisiológico.

Son sustancias químicas producidas a partir del sistema límbico y el hipotálamo que de alguna manera, acompañan a las estructuras neurológicas que se han creado alrededor del dinero (alrededor de lo que este representa en un nivel vivencial y experiencial), y que han quedado grabadas como un mecanismo de defensa para diferenciar lo que es bueno y lo que es malo.

Pero claro, el tiempo va pasando, este niño se hace adulto, estudia, aprende, se desarrolla como adulto, y se ha ido creando durante todo este proceso, su propia concepción del dinero y su propio punto de vista.

Ahora considera que el dinero no es ni bueno ni malo, sino que va a depender de cómo se utilice. Más bien lo considera como un factor necesario, así que ansía tenerlo en cantidad, y se aventura por medio de emprendimientos e iniciativas para conseguirlo.

Todo lo dicho es cierto, nadie duda que ahora piensa diferente en cuanto al dinero.
El problema es el siguiente:

Sus nuevas concepciones en virtud del dinero están refrendadas en su mente consciente, lógica y racional.

Su nuevo juicio es netamente intelectual y es procesado por la neo-corteza, una parte que se desarrolló mucho tiempo después que el cerebro límbico, el cual es más poderoso, más grande y que tiene sus propias representaciones a raíz de esas neuro-asociaciones que hemos estado hablando.

De tal manera que este personaje sin saberlo, posee un verdadero conflicto interior.

Su mente consciente desconoce lo que está en su inconsciente, y como lo que está en su mente consciente se procesa por medio del raciocinio y el pensamiento verbal, se olvida de su aspecto primitivo y reactivo que más bien se conecta con su parte emocional.

Cabe decir lo siguiente: esta conexión emocional es una de las más grandes fortalezas de la mente inconsciente, porque logra manipular al sujeto sin intervención de su pensamiento racional, sino por la sola experimentación sensorial.

¿Ves claramente por dónde voy?

Tomemos un caso común...

Luis es un emprendedor de *Network Marketing*. Sabe muy bien gracias a los razonamientos de su mente lógica, que actualmente este sistema de libre mercado representa una gran oportunidad para comenzar a forjar ganancias desde cero hasta conseguir acumular fortunas.

Por esta razón, se ha incorporado a una gran oportunidad amparada por una prestigiosa compañía con presencia en más de 100 países alrededor del mundo.

Luis está fielmente convencido de esta gran ocasión y está dispuesto a llevarla adelante (o por lo menos eso es lo que piensa conscientemente).

Lamentablemente desconoce que su mente inconsciente tiene sus propias convicciones y estas paralelamente, tienen fuertes estructuras neuronales que las refrendan y que serán un arma muy letal llegado el momento).

En otras palabras, la mente inconsciente tiene sus propios

planes definitivamente.

Van transcurriendo los días, Luis comienza las primeras conversaciones y ejecuta los primeros pasos en función a la conquista de la meta determinada.

Pero de pronto, algo extraño comienza a ocurrir "emocionalmente" en el comportamiento de nuestro iluso emprendedor. Conducta que resulta cuando menos contradictoria con sus grandes planes…

Tenía que realizar unas llamadas a unos prospectos, sin embargo, no las hizo.

Justo en el momento en que se disponía a llamar, recordó otras actividades con lo que decidió posponerlas.

Factores como "ganas de echar una siesta justo cuando tenía que ir a una reunión", una extraña sensación en la boca del estómago cuando iba a proponerle el negocio a una persona que tiene tiempo que no ve, unas ganas enormes de postergar sus actividades, un sentimiento de pesimismo entre muchos otros elementos, se van apoderando de Luis.

¡No se ha percatado pero se está auto-boicoteando!

Su mente inconsciente está haciendo uso de sus más excelentes y letales herramientas para que Luis no gane el dinero que desea.

Este comportamiento obedece justamente a las asociaciones simbólicas y analógicas que fue creando desde niño y desde sus dolorosas experiencias vivenciales con respecto al dinero.

Su mente inconsciente lo protege del dinero. Entiende que el dinero es malo, es sucio, que pervierte al ser humano, que le llena de ambición, y fruto de esa ambición hace sufrir a los otros seres humanos, como por ejemplo a sus obreros y trabajadores, negándoles lo que por su trabajo les pertenece.

Su mente inconsciente teme que Luis vaya a comportarse inhumanamente una vez que haya conseguido grandes sumas de dinero, por eso se encarga de mantenerle un termostato financiero limitado, que solo funcione para que pueda ir cubriendo sus necesidades más básicas, más no que llegue a construir fortunas.

Este mismo caso está vinculado con millones de personas en el mundo que han asumido en sus neuro-asociaciones, las implicaciones del enunciado bíblico:

"Es más fácil que un camello atraviese por el ojo de una aguja, a que un rico entre al
reino de los cielos".

¡Vaya, la mente inconsciente de la mayoría de las personas desea entrar al cielo, porque su instinto principal gira en torno a perpetuidad de la vida!
¿Lo ves claramente?

Si trasladamos este caso a muchos de nosotros, nos damos cuenta que muy probablemente existen esos conflictos en nuestro interior.

Ambas mentes se enfrentan porque cada una tiene sus propias convicciones, pero la mente inconsciente tiene unas aliadas muy pero muy poderosas:

¡Las emociones!

Y estas son capaces de manipularnos si es necesario.

El emprendedor puede tener planes maravillosos entre sus proyectos pero necesita a su vez que las emociones puedan aliarse a esas ideas, a modo de ir contrarrestando las acometidas de la mente inconsciente.

Requiere crear nuevas estructuras neuronales, nuevos programas mentales, nuevas vinculaciones emocionales en virtud de sus metas.

Esto afortunadamente se puede lograr con recursos provenientes de tecnologías muy accesibles como por ejemplo la "Programación Neurolingüística", el "Coaching", "Técnicas de Liberación Emocional", "Psych-K" y muchos otros.

Es cuestión de buscar asesoría en tal sentido y poner manos a la obra porque de lo contrario estaremos luchando con un enemigo invisible que aunque quiere nuestro bien, no es perfecto y sus apreciaciones pueden estar un tanto sobredimensionadas o distorsionadas.

"Enfoque Láser"
Una vez que hayas conseguido lo anterior podrás gozar de un extraordinario "Enfoque Láser".

Una especie de determinación extremadamente poderosa que no da lugar al demonio de la dispersión, que establece un orden de prioridades absolutamente alineado con tu objetivo.

Si lo analizas, una vez que resuelves tales conflictos, todo se articula en función del objetivo primordial.

Se crea una escala, se genera una estructura, todo tiene un lugar, una preferencia.

Se gesta un orden en donde había un caos, dicho de otra forma.

Esto viene a fortalecer la confianza en si mismo, es simplemente un resultado directo de la sensación de la coherencia, de la congruencia.

Cuando somos congruentes todo empieza a marchar armónicamente.

"Tu Propósito de vida"

Ahora, ponte a pensar qué maravilloso sería si tus emprendimientos fuera también coherentes con tu real propósito existencial.

Porque es así, todos tenemos un propósito mayor, una causa trascendente por la que estamos aquí, sin duda que es así.

Es una suerte de "propósito sagrado". Y aunque suene algo místico en su connotación, no podemos negar que dentro de nosotros comulga una realidad superior a la que somos capaces de percibir.

Es algo que trasciende lo que somos y que da "orden" a todo lo existente.

¿Alguna vez has reparado sobre el tuyo?

¿Sabes ya qué es eso que harías incluso aunque no te pagaran por ello?

¿Alguna vez has sentido que estás alimentando una necesidad que proviene de tu alma y no de las apetencias fruto de nuestra vida mundana?

El Emprendedor que Llevas Dentro

No pretendo ni quiero presentarme en este segmento del capítulo como "religioso" ni mucho menos, es una simple acotación que se armoniza con una realidad que no podemos ocultar por el simple hecho que no la tengamos en cuenta.

Formamos parte de una especie de "Mátrix" que nos hace ver mucho para afuera y que nos quita mucho tiempo para mirar hacia adentro.

En función a esta realidad no me puedo permitir despedirme sin antes haber aportado un poco de pensamiento reflexivo en torno a ello.

Somos algo más de lo que percibimos. Somos energía vibrante, infinita.

Pertenecemos a una realidad superior.

Debemos trascender y abrir nuestra mente para ir entendiendo esta premisa existencial.

Vaciemos nuestra copa del ruido y de la contaminación proveniente del mundo que vive de una existencia autómata y encontremos nuestra verdadera procedencia magnánima y excelsa.

Una vez que descubras tu verdadera esencia, clarifiques tu propósito de vida, y tengas todos tus objetivos enmarcados en virtud de ese nuevo contexto existencial, actúa desde ya como si ya fueras esa persona que ha encarnado una nueva dimensión del ser.

Verás como todo confabulará para que se cristalicen tus emprendimientos en torno a esa nueva dimensionalidad.

107

Todo lo podrás apreciar desde una instancia más elevada. Los "obstáculos" desaparecerán, los problemas se harán insignificantes ante tu nuevo tamaño, y los elementos necesarios para tu expansión vendrán a ti por añadidura, porque todo esto es un tema de vibración y afinidad energética.

Vivimos inmersos en una cadena de sucesiones que se amoldan en función de la energía que activamos permanentemente.

Gracias a esta realidad trascendente es que podremos gozar de nuestros resultados, pues los mismos serán una causalidad de nuestros pensamientos y acciones.

Me despido deseándote que tengas el mayor de los éxitos en tus emprendimientos.

Un abrazo.
Nicolás Quintana

Acerca del autor
Nicolás Quintana es un emprendedor e investigador incansable, le apasiona todo lo que tenga que ver con la mente humana y su máximo potencial.

Tras años trabajando en diversos negocios se dio cuenta de que su vida estaba destinada a algo relacionado de forma más directa con ayudar a transformar el modo en que la gente piensa para ayudarles a vivir mejor.
Entusiasta y estudioso del Marketing, la comunicación, nuevas tecnologías y de los negocios online.

Ahora su misión es compartir la información que le ayudó a obtener el conocimiento, la confianza y el éxito, para que los demás también puedan experimentar ese incremento de prosperidad y productividad en sus vidas y sus negocios.

http://www.nicolasquintana.es
http://www.luzyenergiacreativa.com
http://www.dominalaleydelaatraccion.com

E-mail: contacto@nicolasquintana.es

El Emprendedor

Por **Amparo Jaramillo**

INTRODUCCIÓN

*Una persona que sepa **cómo**, siempre tendrá un trabajo… pero la que sepa **por qué** siempre será su jefe.* John C Maxwell.

Todos nacemos líderes, pero poco a poco a medida que vamos creciendo y entrando en esta sociedad, comenzamos a permitir que las personas a nuestro alrededor nos limiten y decidan por nosotros, y sin darnos cuenta, vamos perdiendo esa capacidad natural de pensar en grande y de solucionar problemas, con la que llegamos al mundo.

Caemos también sin darnos cuenta, en una postura de víctimas, culpando siempre a los demás: la familia, la sociedad, la religión, el esposo, los hijos etc., como la razón por la cual no hemos podido desenvolvernos y lograr nuestros sueños.

Hoy te quiero invitar a través de mi historia a que despiertes y recuperes ese poder que está dentro de ti, ese líder que tienes pero que no te has atrevido a revelar…

A que sueñes en grande y puedas lograr ser ese emprendedor que siempre has querido, esa persona que tiene control de su vida… que no permite que otros tengan el control.

Te invito a que te atrevas a soñar de nuevo, a que busques y reafirmes tu misión y tu propósito en la vida. A que saques ese emprendedor que llevas dentro… Si yo pude, tú también podrás hacerlo... *Amparo.*

EL EMPRENDEDOR QUE LLEVAS DENTRO...
¡SI YO PUDE, TÚ TAMBIÉN!

UNA NOCHE DE REFLEXIÓN

Era el 15 de enero del año 2000. Iba manejando hacia mi casa por la Pennsylvania Avenue en Oklahoma, era una noche cerrada, cuando la tristeza me invadió recordando a mi padre que había fallecido 15 días atrás; era muy difícil para mí entender cómo de un día para otro, un ser que había amado tanto ya no estaba allí conmigo... solo quedaba su recuerdo y todos los momentos vividos.

No lo podía entender y la tristeza se apoderaba de mi cada vez más esa noche, su partida me hacía cuestionarme muchas cosas, y una de ellas era, qué debía hacer con mi vida, hacia dónde debería enfocarme. Era una etapa, en la que necesitaba comenzar a hacer unos cambios, pues me sentía estancada y la pérdida de mi padre me hacía reflexionar sobre muchas cosas que antes no había tenido en cuenta...

Para esa época, yo estaba trabajando en una compañía y realmente extrañaba mi independencia. Por muchos años había manejado y administrado mi guardería que fundé con el fin de poder estar con mis hijos y verlos crecer, y al mismo tiempo que ayudaba a otras mamás que debían dejar a sus hijos para poder ir a trabajar.

Pero a medida que fueron creciendo, sentí que había cumplido con mi deber y decidí empezar una nueva etapa en mi vida, fue entonces cuando empecé a trabajar en esta compañía en la que aún estaba en el momento en que mi padre falleció... y esa noche, en medio de mi tristeza, comencé a recordar lo emprendedores que habían sido mis padres y el gran ejemplo que nos dieron, así me entraron los ánimos de cómo podía volver a emprender algo más en mi vida, ya que en el fondo tenía ese espíritu empresarial heredado de mis padres, solo que para este momento ni mi mente ni mi corazón se ponían de acuerdo al decidir cómo podía empezar de nuevo.

Días después, a raíz de esta incertidumbre, decidí comenzar una carrera de cosmetología, carrera que no me desagradaba porque me dejaba desarrollar mi parte creativa y artística, y me llenaba de satisfacción el compartir con personas, hacer cambios en ellas, pero realmente esta no era la carrera de mis sueños, solo fue un recurso momentáneo.

LA CARRERA DE MIS SUEÑOS

Siempre sentí inclinación por el desarrollo personal y el poder darle la mano a las personas cuando se sentían viviendo momentos difíciles, yo siempre creía tener las palabras mágicas para que esas personas pudieran solucionar sus problemas, o al menos aclarar muchas cosas que en sus mente les dificultaba entender y encima de eso, lo terminaba de sellar con un abrazo y un beso, ja, ja, ja, la doctora corazón.

Pero este gran deseo de ayudar, motivar, aconsejar y solucionar los problemas a los demás, crecía y crecía, me encantaba también hablar en público, sentía que de esta manera podía llegar a más gente y ayudarlos más por medio de cualquier información, por lo consiguiente, cuando estuve lista para ir a la Universidad, ya tenía claro que la carrera a seguir sería Psicología.

Lo que yo no sabía, era que una persona ajena a mí, me cortaría las alas, diciéndome que yo era muy sentimental para esa carrera, y que debía tomar una decisión en un corto tiempo de cambiar de carrera. Como podrán suponer, fue un *shock* y aunque mi corazón estaba triste, sentía que debía seguir los consejos de esta institución, pues al fin de cuentas, habían tomado esa decisión a través de un supuesto *test* complejo y específico para este tipo de carreras...
¡Adiós sueños!

Entonces comencé publicidad, que era algo donde iba a trabajar la creatividad y esa parte artística que también hacía parte de mí, carrera que jamás terminé porque me tuve que cambiar de país. Igual en el corto tiempo que estuve, la disfruté y aprendí muchas cosas que aún hoy utilizo.

SEGUNDO INTENTO

Al venir de Colombia a Estados Unidos, me casé y empezó mi carrera más gratificante, la de madre. Pero a pesar de la dicha inmensa de estar casada y de haber tenido mis dos hermosos hijos, una parte de mí seguía triste y vacía, no había podido realizarme como profesional.

Siempre estaba dentro de mi ese espíritu de luchadora, de emprendedora y un fuerte deseo de dar más, entonces me inscribí en la Universidad por segunda vez, para ver si esta vez lograba mi sueño de ser psicóloga, y de nuevo el intento fue fallido, sólo que esta vez, fue decisión propia, la verdad sentía que estaba descuidando a mi familia, y de pronto puse en una balanza mis sueños de profesional con los de madre y por supuesto dominaron los de madre.

Con esto no quiero decir que las personas que hacen las dos cosas están mal, no, para nada, las admiro mucho, solo que yo no pude manejar las dos al mismo tiempo, el trabajo del día con mi guardería, el cuidado de la casa, mis hijos, mi esposo y mis estudios... la verdad no sé si estaba equivocada pero para ese momento sentí, que en algo iba a terminar fallando y lo que menos quería era que fuera en el papel de madre y esposa. Eran mi prioridad en ese momento.

Sin embargo, mi gran pasión estaba ahí vigente... mientras aires nuevos iban llegando a mi vida...

CONFIRMANDO MI PASIÓN

Años más tarde a medida que mis hijos crecían, me iba cada vez fortaleciendo más como madre, esposa y ser humano, pero también cada vez más, descubría y afianzaba mi pasión y alegría por poder desarrollarme y realizarme como mujer profesional, mujer de negocios. Esa emprendedora, que a pesar de que no estaba consiguiendo mi desarrollo en el crecimiento personal, JAMÁS perdió el enfoque de lo que quería.

Mi pasión siempre se manifestaba, aunque estuviera emprendiendo de una manera u otra, pues estaba todo el tiempo orientando a las personas y motivándolas a creer en sí mismas; las animaba a que lograran sus propósitos y proyectos sin temores ni limitaciones, siempre tuve la oportunidad de poder desenvolverme en ese ámbito, como una *coach* natural, que en ese momento ignoraba que se llamara así.

Cuando hacía de *babysitter*, muchas veces los padres se quedaban en mi guardería comentándome sus angustias e inquietudes sobre sus hijos y su vida conyugal. Como cosmetóloga también me sucedía, porque en la sesión del arreglo de cabello, ellas comenzaban a expresar cómo deseaban el cambiar su situación; También la situación se prestaba para hablar de sus vidas personales... y así fue ocurriendo lo mismo en cada trabajo y situación que estuviera viviendo.

Era increíble cómo yo siempre terminaba de una manera u otra motivando, apoyando e inspirando cambios en las vidas de las personas, para obtener resultados positivos.

Como podrán notar, como buena emprendedora siempre estuve buscando el cambio, respondía a ellos y exploraba todas mis oportunidades.

Los emprendedores somos innovadores, que estamos buscando oportunidades en todas partes, cosas y en las oportunidades que se nos presenten, por eso, a pesar de que nunca pude hacer mi carrera de psicología, eso jamás me bloqueó y siempre encontré recursos para mantenerme y no perder ese deseo de estar emprendiendo y buscando las provisiones para salir adelante.

Los emprendedores tenemos mucha iniciativa, decisión y una gran necesidad de realización personal. Somos personas con ilusiones, llenas de energía, creatividad y mucha confianza en nosotros mismos. Desarrollamos un alto compromiso hacia nuestros proyectos. Estoy segura que tú también puedes acrecentar esas cualidades, si es que aún no estás consciente de que las tienes…

Quiero hacerte un llamado para que analices tu vida y comiences a enfocarte hacia donde tu energía y tu corazón te guíen…

UN MUNDO NUEVO

En mi empeño de seguir creciendo, descubrí la Internet  y por supuesto al entrar en este mundo maravilloso, me encontré con personas como Luis Eduardo Barón mi primer mentor y Álvaro Mendoza, que son empresarios que ya tenían un reconocimiento como empresarios. Ellos están siempre con el deseo de innovar y ayudar a las personas a lograr también sus emprendimientos, y me llevaron a un mundo totalmente nuevo, en el cual me ha permitido crecer y poder llegar a más personas.

Hoy en día tengo una empresa de importación de joyas artesanales que gracias a la Internet me ha dejado llegar a más personas y por consiguiente poder mejorar mis finanzas.

¡NUNCA jamás había sido tan fácil y barato lograr mis sueños!...

Gracias a toda esta revolución digital, tus sueños ya no son tan sueños, y puedes realizarlos con más facilidad. Para los empresarios hoy en día, gracias al desarrollo de la tecnología, el conocimiento está al alcance de todos.

Es por eso que actualmente cualquier persona puede comenzar un negocio, que ya poco a poco más adelante podría convertirse en una gran empresa y así ayudar a cientos, miles e incluso millones de personas, pues las necesidades y las oportunidades realmente son globales y desde esta manera podemos llevar nuestros negocios a muchas personas diseminadas por el planeta.

Internet nos facilita, *recibir* pues cualquier información que necesitemos allí la encontraremos y también *damos información*, porque como empresarios podemos darnos el lujo de aprovechar tan hermosa herramienta de comunicación. Una de las características del empresario, aparte de innovar, es la de movernos con el tiempo e invertir en nosotros.

La Internet es una herramienta que hoy en día nos ayuda indudablemente a realizar mucho más fácil cualquier proyecto, y por consecuencia poder lograr nuestras metas.

FINALMENTE LOGRÉ MIS SUEÑOS

Gracias a mi persistencia en la búsqueda de nuevos proyectos empresariales, me inscribí a mi primer seminario de LMDI.

Allí me encontré con el *coaching*, carrera que me permitió volver a soñar con el desarrollo personal y comenzar a vivir y realizar ese sueño que siempre de una manera u otra estuvo presente.

Hoy en día, me realizo como *Coach de Vida y Facilitadora de Programación Neurolingüística*. Carrera que no solo desarrollo presencialmente, sino que como dije antes a través de la Internet también.

Una de mis metas es motivar a las personas para que realicen un análisis interior y comiencen a encontrar sus dones y talentos para que puedan llevar a cabo todos sus emprendimientos.

Todos llevamos un emprendedor dentro de cada uno, solo es saber que está ahí, sentir ese deseo de hacer cambios en las personas, en la sociedad, el país y prepararte para ello.

El *coaching* no solo me ha ayudado como persona y a realizarme como ser humano, sino que también me ha permitido tocar a muchas personas, para que ellas después de lograr todos sus sueños y emprendimientos, se permitan ayudar a otras personas también.

Te invito a que comiences a desarrollar tu espíritu de emprendedor y para eso quiero compartir contigo unos pasos que me han ayudado mucho.

CONÓCETE A TI MISMO
Es muy importante que hagas una auto-evaluación.
Lo que pensamos determina quiénes somos.
Quiénes somos determina lo que hacemos.

Posiblemente en este momento eres ya una persona emprendedora, o tal vez estás a punto de serlo. Tienes sueños y planes para realizar, y como líder nato es posible que sepas que tienes una misión, pero aún no sabes cuál es.

Sea lo que sea, te invito a que reflexiones, a que pienses en los años recorridos y te ubiques en el lugar donde te encuentras en este momento.

Hazte algunas preguntas:
¿Estoy feliz con lo que estoy haciendo en este momento?
¿Me llena? ¿Me siento realizado como profesional y ser humano?
¿Siento y sé que todo está alineado con mis principios y valores?
¿Estoy dejando un legado a mi familia y al mundo?
¿O aún hay un vacío dentro de mí que no sé cómo llenarlo?

Siempre ten en cuenta que tú eres el personaje principal de tu historia. Si tú no estás bien es muy difícil poder ayudar a los demás. Nosotros reflejamos nuestro interior y debemos ser coherentes con lo que hablamos.

SIGUE TU SUEÑO… SOÑAR IMPLICA TENER UNA RAZÓN PARA VIVIR

Desear algo es parte fundamental de la vida. Cuando tenemos anhelos vivimos en la expectativa de poder lograr eso que deseamos, esa duda de si lo alcanzaremos o no se debe convertir en tu combustible y motivación, jamás en una duda.

Piensa ahora qué es eso que siempre has querido hacer, y que por alguna circunstancia no has podido lograrlo.

Es muy importante que siempre tengas en cuenta que nosotros somos los autores de nuestra vida. Acepta que de una manera u otra, que si no has logrado tus metas es tu responsabilidad. Toma responsabilidad de todas tus acciones y respuestas ante la vida.

La ley de la causa y el efecto. Esto no tiene vuelta de hoja, es como el blanco y el negro, el ser o el no ser, punto.

De manera que haciendo conciencia de tus responsabilidades piensa lo siguiente:

¿Qué es lo que más te gusta hacer?

¿Cuál es tu pasión?

¿Qué es aquello para lo que tienes talento?

¿Qué es lo que más te causaría dolor si no logras realizarlo en tu vida?

Es muy importante que siempre seas fiel a tu esencia, sueños y talentos. Tus sueños tienen que ver con tu propósito de vida, tu verdadera razón de ser.

CREE EN TI

Debes tener completa fe y creencia total de que tendrás éxito y de que llegarás a tu destino. Para mí personalmente este es probablemente el aspecto más importante de ser un empresario.

Tener una creencia inquebrantable en mí misma, aunque todos los demás alrededor mío me digan que no, o no me apoyen. Cuando todas las pruebas están apuntando a mi visión, eso es lo más importante para mí, en el proceso de convertirme en un empresario exitoso… Por eso debemos estar alineados con nuestros sueños y talentos, con pasión y energía, que son las que siempre nos ayudarán a no decaer.

Cuando tú estás siendo honesto contigo mismo, tienes claros tus objetivos y sigues a tu corazón, se te hará más fácil lograr tus propósitos. Es imposible que trates de emprender un negocio, porque a tu amigo le dio resultado o porque fulanito hizo mucho dinero con aquello.

¡NO, NO y NO!... desde allí comenzamos mal.

Creer en ti hace parte de ser sincero y coherente con tus aspiraciones y sueños.

Tú te imaginas… ¿qué hubiera sido de mi vida si yo no sigo fiel y constante luchando por eso que siempre me hacia vibrar y soñar cada vez que me daba la oportunidad de realizarlo?... No quiero ni pensar el dolor que hubiera sentido si al final de mis días yo tuviera que haberme arrepentido por no haber podido ser lo suficiente fuerte y fiel a mi misión de vida.

Porque todos tenemos una misión, y es esa a la que hoy te estoy invitando a que busques para que puedas tener una vida exitosa y poder realizarte como líder y emprendedor.

Una de las señales de que estás realizando tu misión y propósito de vida, es ese amor y energía por hacer lo que estás haciendo; si no lo sientes en este momento, vuelve al punto # 1 y evalúa tus prioridades de nuevo.

DESARROLLA UN PLAN

La mente necesita direcciones e instrucciones claras para moverse. Debes saber exactamente lo que esperas alcanzar y cómo vas a llegar ahí. Comenzar con una vaga idea de a dónde te diriges, sólo te sirve para crear resultados imprecisos.

Si no sabes hacia dónde vas, estás por supuesto corriendo el riesgo de ir para muchas partes, a consecuencia de la inseguridad de no estar claro en tus objetivos.

La claridad de nuestros objetivos y el estar claro de lo que queremos y hacia dónde queremos ir, es la *clave* para poder lograr llegar a la meta final. Los procesos van a evolucionar a medida que avanzas, es cierto, sin embargo, debes tener un plan definido con una meta definida en la mente.

Te aconsejo desarrollar un plan a largo, mediano y corto plazo, eso te ayudará a ser más realista y comenzar dando pasos cortos para poder llegar a esas grandes metas. Cuando establezcas tus metas, que sean lo bastante claras y específicas, para mantenerte enfocado en ellas.

Pero eso sí, piensa en grande... aunque para llegar allá debas dar pasos pequeños. Eso es aceptable y realista para poder lograr tus metas, pero nunca te limites, por favor...
¡SIEMPRE piensa en grande!

Tú eres un ser Divino con todas las capacidades para desarrollar lo que desees. Solo necesitas enfocarte... Observa, estudia, investiga e indaga en el mercado acerca de tu producto o servicio. La magia de la Internet es que tenemos herramientas de sobra para hacerlo.

Por otro lado, debes ser responsable, disciplinado y organizado. Respeta tus tiempos, y cumple tu plan de cada día, puede que haya cambios pero mantén disciplina en tu plan, elimina las distracciones y sigue enfocado...

Es muy importante también que de vez en cuando te hagas las siguientes preguntas:
¿Estoy viendo un beneficio en mi inversión de tiempo de pensamiento enfocado?
¿Lo que estoy haciendo me está acercando a mis metas?
¿Realmente estoy cumpliendo con mis prioridades y cumpliendo mis sueños?

Disfruta cada día y con pasión todos tus proyectos, cada uno de tus planes en el día, piensa que es tú creación y que tú mereces vivirlo a lo máximo.

SÉ AGRADECIDO, APRENDE
A CELEBRAR TUS TRIUNFOS

Cada que logres o completes una tarea que te lleva poco a poco a tu meta, felicítate y date las gracias porque lo lograste. Por pequeña que sea debes saber que fue gracias a tu esfuerzo, enfoque, disciplina y constancia, de esta manera tu cerebro comienza a registrar triunfos y por consiguiente cada día te será mas fácil, lograr más y más triunfos.

El ser agradecido con nosotros mismos y con todo lo que Dios te brinda, es atraer más Abundancia y Prosperidad, es hacer conciencia de toda la abundancia que tenemos a nuestro alrededor y dentro de nosotros mismos, déjame decirte que por consiguiente la riqueza te llegará.

Pero es muy importante ser consciente hasta del aire que respiras automáticamente, de las personas hermosas que te rodean y sobre todo de ti, que eres el ser humano más divino, grandioso y *único*, que existe.

Normalmente todos nosotros utilizamos todas las abundancias que nos ofrecen el universo y nuestro poder interior, pero la mayoría de las veces no hacemos conciencia de tanta abundancia y por eso no avanzamos. Te invito a que todos los días antes de acostarte te duermas con una sonrisa en los labios recordando y agradeciendo todo lo que recibiste y lograste en el día.

Visualiza en tu mente una hoja en blanco y comienza a escribir en forma horizontal todos lo recibido ese día, y al mismo tiempo con tu sonrisa en los labios lo estarás agradeciendo, a ti y al Dios o al universo, como lo desees pensar.

SUBE A LA CIMA...CORRE LA MILLA EXTRA

Todo comienza por un pensamiento, solo te invito a que siempre todos tus pensamientos que tengas sean positivos, y a que pienses en grande. En la programación neurolingüística aprendemos que todo depende de la programación que tú le pones al cerebro, entonces programa por favor tu cerebro a pensar en grande de una vez.

El problema de nosotros los seres humanos es que tendemos a pensar en pequeño, principalmente porque no queremos defraudarnos a nosotros mismos por esperar demasiado. De manera que *pensar* en grande, conlleva el mismo esfuerzo que si piensas en pequeño.

Estamos en una época de mucha investigación, de manera que no solo debes conformarte con lo que tienes sino que debes estar en un continuo aprendizaje, para ir creciendo. Cuando tú tratas de ser mejor de lo que eres, también las personas a tu alrededor mejoran.

Sé humilde para aprender. Sé innovador, adáptate a los cambios y a lo que tus clientes quieren. Recuerda que lo más importante del negocio son tus clientes y si tú quieres que tus negocios prosperen debes de estar cuestionando las necesidades del cliente y cada día prepararte más, para poder ofrecer más.

Debes aprender y prepararte para solucionar y entregar soluciones a las personas. Y lo más importante, siempre debes tener en tu mente cómo hacer para correr y ofrecer esa milla extra; eso siempre nos diferencia de los demás y es una de las claves del éxito.

Como dicen mis Maestros Luis Eduardo y Álvaro, siempre trabaja por ser el árbol más sobresaliente, y no por ego o creerte más importante, sino porque cuando tú sobresales no solo te convertirás en el mejor de tu área o profesión sino que automáticamente podrás llegar y servir a más personas.

Hay que buscar la excelencia en todo. El que estudia aprende, el que aprende sabe, y el que sabe puede. Tito Rodríguez.

NO ABANDONES TU SUEÑO

Se siempre fiel a él y a ti, si por alguna circunstancia no te están saliendo las cosas como tú deseas, insiste una y otra vez, recuerda que sin fe podrías perder una batalla que ya parecía ganada. Comienza de nuevo, analiza las causas de los resultados que has teniendo hasta este momento, *enfócate siempre en la solución* no en el problema.

Todo en la vida depende de ti, de la manera como tú respondes a ciertos eventos o situaciones en la vida. En ti está la respuesta a esa situación, siempre con mente positiva, buscando soluciones a las dificultades que se te presenten. Uno crece aprendiendo.

Aplicar nuestros conocimientos es la mejor escuela. Supera los temores, toma riesgos. Prepárate para las dificultades o aprendizajes como los llamo yo, cuando te preparas emocionalmente para cualquier situación eso te ayuda a enfrentarlo todo. Y esa actitud aumenta tu tolerancia a las dificultades.

Hay dos motivadores humanos, *la necesidad y el deseo*. La necesidad nos motiva cuando tenemos carencia, los deseos lo hacen siempre.

Vivir libre de miedos al fracaso te ayuda a ver siempre

soluciones en vez de problemas, a ver las cosas menos complicadas, más sencillas y a disfrutar con mucha alegría y paz lo que emprendas.

SIEMPRE RECUERDA TUS COMIENZOS

Es muy importante, casi un requisito, que para seguir recibiendo abundancias sin límites, tú te comprometas a dar también, a devolver todo y más de lo que has recibido. Ayuda a otras personas como una vez lo hicieron contigo.

El olvidarnos de dónde venimos o dónde estuvimos una vez, nos hace tristes y secos por dentro, no hay cosa más linda que el entregarte a los demás sin egoísmos y con espíritu de amor y ayuda, es como un jardín lleno de flores perfumadas y todas alegres y floreciendo.

Debemos dejar semillas en todas partes, sembrar amor, todo comienza por nosotros mismos. Si tú pones tu granito cada día, repartiendo una sonrisa al desconocido, un abrazo al necesitado, una mano al caído, un consejo al confundido, un hombro al desamparado, un oído al angustiado, una enseñanza al que la necesita, ¿no crees que tendríamos un mundo mejor?

Pero debemos comenzar, no tengas temor de dar y de entregarte sin límites.

El amor y la entrega son dos cualidades necesarias para el éxito.

Recuerda siempre:
· Todos nacemos líderes.
· El emprendedor inspira, se atreve a pensar en grande. No ve obstáculos, ve oportunidades.
· Tiene claro hacia dónde va y busca ayuda en mentores que

han pasado por el mismo estado, con excelentes resultados.

· Supera los temores.

· Toma riesgos.

· Se mantiene enfocado; nada ni nadie lo distrae.

· Siempre es agradecido de lo bueno, de lo malo, de lo poco y de lo mucho.

· Es responsable, jamás culpa a otros de sus actos fallidos.

· Es original, congruente, transparente.

· Mantiene un diálogo interno positivo y constructivo.

· Se conoce a sí mismo, tiene claro hacia dónde va y cree en su sueño.

· Toma decisiones por sí mismo, no para cumplir las expectativas de otros.

· Es humilde, nunca piensa que ya lo sabe todo, reconoce sus limitaciones y habilidades.

· Agradece sus esfuerzos y a esas personas que le han ayudado a lograr sus éxitos.

· Siempre se rodea de personas que le apoyan y tienen mente visionaria como ellos.

UN REGALO PARA TI

Quiero regalarte una técnica de empoderamiento que en un momento de mi vida una persona muy querida mía, que ha sido parte de mi crecimiento, compartió conmigo y me ha sido muy útil. Es como mi mantra de cada día.

Escribe una frase que te ayude a enfocarte y empoderarte y anunciar tu objetivo. Debes conjugar el verbo en las tres personas, debe ser afirmativa y específica. Te doy como ejemplo la mía:

Yo Amparo Jaramillo soy una mujer exitosa que ayuda a las

personas a encontrar su propósito de vida para que a su vez ellas puedan llegar a otras personas.

Ella Amparo Jaramillo es una persona exitosa que ayuda a las personas a encontrar su propósito de vida para que a su vez ellas puedan llegar a otras personas.

Amparo Jaramillo es una persona exitosa que ayuda a las personas a encontrar su propósito de vida para que a su vez ellas puedan llegar a otras personas.

Te deseo que le saques el mejor provecho a lo que acabas de leer. Recuerda siempre seguir los llamados de tu corazón y ponerle toda la energía a tus proyectos.

Jamás permitas que nada ni nadie sabotee tus sueños, incluyéndote a ti mismo…

AMPARO JARAMILLO
Empresaria
Coach de Vida
Facilitadora de PNL
Motivadora y Mentora
www.amparojaramillo.com
www.mitierramarket.com

El que Persevera Alcanza

Por Cesar Vallejo Elías

Mi nombre es Cesar Vallejo Elías, empresario peruano, 38 años de edad, nacido en la ciudad de Lima. Emprendedor y eterno estudiante. Apasionado a investigar sobre el mundo del *Marketing en Internet.*

Mi historia es la de todo joven que, al salir de la escuela, se enfrenta con la realidad y con muchas decisiones, las cuales van a determinar su futuro. Toda la vida se me formó con la idea de estudiar para conseguir un buen trabajo en una gran empresa. He ahí el dilema de cómo llegar a ser un buen profesional y, sobre todo, en qué sector empresarial me iría a desenvolver. Eran épocas difíciles para mi país, ya que iniciábamos la década de los años 90 con crisis económica, con niveles de inflación elevados y con problemas de terrorismo, los cuales, para el bien del Perú, fueron superados en el tiempo.

Empecé a trabajar muy joven. En ese inicio de mi vida laboral noté que mi desempeño era reconocido. También comprendí que, si quería conseguir una mejor posición en el trabajo, debía estudiar con ahínco. Siempre con la duda de qué sería mejor para mi futuro. Se me cruzó por la cabeza estudiar Contabilidad, tal vez Economía, o – ¿por qué no? – Ingeniería Industrial. Finalmente decidí por la asignatura que más me agradó en la escuela: La Computación.

Eran épocas en las que se hablaba del mejor computador: el INTEL 286, que - por supuesto - era muy costoso y no estaba dentro de mis posibilidades adquirirlo. Por esa razón, cuando empecé a estudiar la carrera de Computación e Informática, debía quedarme a practicar siempre después del horario de clases, ya que no tenía un computador en mi hogar. No me sentía solo en esa circunstancia, ya que la mayoría de mis compañeros también se quedaban a practicar luego de finalizar el día de clases, dado que – la mayoría de ellos – tampoco contaban con un computador en sus hogares.

Al finalizar el segundo año de estudios empecé a trabajar – por fin – en mi carrera (fui un mil oficios), obteniendo un puesto de trabajo en el sector público de mi país. Al contar con conocimientos actualizados en tecnología, pude destacar en la posición en donde me desempeñaba ascendiendo rápidamente, a pesar de mi poca experiencia laboral. Tuve la oportunidad de que me asignaran personal a cargo, lo cual me ayudó en el proceso de aprendizaje.

Después de unos años trabajando para el Gobierno, realicé el gran salto al sector privado. Trabajando en esta realidad nueva para mí tuve constantes reuniones con ingenieros y contadores – entre otros profesionales – dado que debía automatizar los procesos industriales y contables de las empresas para las cuales trabajaban. De esa forma pude entender las necesidades de los cargos que desempeñaban. Fue así que, al comprender lo que realmente necesitaban, logré implementar sistemas y procesos que resolvían los problemas que se presentaban. Este hecho me llevó a especializarme en el desarrollo de sistemas empresariales.

Trabajar de manera denodada trajo como consecuencia dejar de estudiar por un tiempo. Finalmente, después de varios años, se presentó la oportunidad de terminar la carrera iniciada en el pasado. Al mismo tiempo decidí formar una empresa, en la cual ofrecería mis servicios de elaboración de sistemas informáticos para los clientes que puedan necesitarlos. La gestión de esta empresa la desarrollé en paralelo a mi trabajo como empleado. Durante un par de años tuve la misma rutina, hasta que decidí ser **Mi Propio Jefe**. Para ello ya contaba con algunos clientes, los que me contrataron por recomendación de otras empresas que ya conocían mi trabajo.

El servicio que brindaba consistía en realizar sistemas informáticos que lograran solucionar procesos del negocio que no tenían un control o cuyas actividades se realizaban de manera manual. Estos procesos tenían que ser automatizados con el uso de la tecnología, lo que involucraba equipos (hardware) y sistemas (software).

Siempre era recurrente que, cuando un cliente me encomendaba la tarea de elaborar una solución informática, se la desarrollaba a su medida. Prácticamente empezaba de cero el trabajo, el cual demoraba un periodo de tiempo entregarlo. Entonces tuve la idea de crear un producto único, el cual iría personalizando de acuerdo al requerimiento del cliente y podría desarrollarlo en menos tiempo. Es así que nace mi primer producto, el cual controlaba Plantas de Producción y podía ser implementado en cualquier empresa.

Teniendo como base esta misma idea, luego se integró el control de otras áreas como Comercial, Inventarios, Compras, Finanzas, Contabilidad y Nóminas, por lo que el producto tomó forma y se convirtió en un sistema integrado en una sola base de datos, que era capaz de controlar todas las áreas de una empresa. Para ese entonces ya tenía el producto creado, tenía mi empresa que contaba con algunos pocos clientes y que operaba con un único empleado: **Yo.**

El crecimiento del negocio fue acompañado de algunos costos, tanto operativos como tributarios. Mi esquema de negocio era solo vender mi producto y luego los clientes simplemente me contactaban para darles atenciones post venta. No había previsto que el hecho de atender a clientes después que ya compraron el producto, demandaría costo y tiempo, por lo que para cubrirlos, lo único que se me ocurrió fue que **"Necesito vender más".**

Entonces sabía mucho de sistemas pero no tenía la experiencia en cómo manejar una empresa y en cómo cubrir mis costos fijos, separando las utilidades de los impuestos. El negocio que empezó muy bonito - y en el que puse mucho esfuerzo - se fue tornando algo difícil de manejar. Además estaba convencido de que tenía un buen producto en cartera, pero no necesariamente los empresarios conocían que mi producto sería el mejor para ellos. Entonces, nuevamente, llegó a mi mente otra idea: **"Mi producto debe venderse con Publicidad Boca a Boca".**

Empecé a contactar a mis clientes pidiendo que hicieran el favor de promocionarme con sus amigos y conocidos que sean empresarios, para que pueda entrevistarme con ellos y ofrecerles mi producto. Esto funcionó de manera efectiva, ya que logré hacer nuevas ventas, incrementándose también mi servicio de posventa que, para ese entonces, seguía siendo gratuito. Así que, otra vez, tenía problemas de liquidez. No lograba controlar mis costos operativos y, como consecuencia, empezaron los problemas con los impuestos, por lo cual el organismo estatal de recaudación impuso a mi empresa sendas multas, además de serios problemas administrativos. Era increíble lo que me pasaba: Tenía un magnífico producto y muy buenos clientes, pero estaba metido en problemas de liquidez. Me embargaron las cuentas bancarias por deuda tributaria: **"Y sabía que tenía un buen producto".**

Ante esta adversa circunstancia pensé en ingresar a otro tipo de negocio, ya que parecía que mi empresa ya no era rentable para mí, "si no me funcionaba – pensé – regresaría a ser un empleado nuevamente y aceptaría mi fracaso: **"¿Qué hacer ante esta realidad?"**

Empecé a buscar en Internet. En esa búsqueda encontré muchos temas que me interesaron. Uno de ellos fue el "Marketing por Internet". También conocía a personas que se dedicaban al Multinivel. Para ese entonces estaba muy de moda el concepto del **"Marketing de Atracción"**, que consistía en lograr que **los clientes te busquen** y no buscarlos nosotros a ellos. Para ubicarnos en el tiempo aún no existía Facebook ni Twitter.

Compré un curso en línea en donde enseñaban a hacer campañas publicitarias de pago por clic por un sistema llamado Google Adwords, en este curso aprendí acerca de las técnicas para hacer anuncios efectivos y con un costo por clic no muy elevado.

Tomar Acción

Entendí que tenía que tomar acción para ser exitoso. Para ello, configuré una campaña de pago por clic utilizando las técnicas que aprendí en el curso antes mencionado. Tomé la decisión de invertir $10 dólares americanos diarios, configurando una campaña de 30 días. La respuesta fue inmediata, ya que empecé a recibir contactos de clientes nuevos a los cuales pude mostrar mi producto. Una de las empresas que nos contactó, perteneciente al sector inmobiliario, nos recomendó con otra empresa del mismo sector.

Luego de presentarles el producto y de realizarse varias reuniones de coordinación, logramos cerrar un trato de largo plazo, con lo cual logramos salir de la crisis en la cual nos encontrábamos. **Fue como si todo empezara nuevamente.**

Esta campaña me permitió subir el precio del producto y las ventas lograron cubrir gran parte de la deuda que la empresa tenía. Accedimos a refinanciamientos de deuda que nos permitieron seguir operando. De esta forma descubrí la importancia del *Marketing* en el negocio.

Incentivado por esta circunstancia, inicié nuevos emprendimientos relacionados al *marketing*, ofreciendo servicios en Internet en donde se comercializaban dominios, *hosting* y páginas Web.

Después de mi primera campaña de Google Adwords, realicé un par de campañas más, pero me vi obligado a paralizarlas porque ya no podía atender a todo el caudal de clientes que tenía y, si conseguía más ventas, no podría atender a todos mis clientes con la calidad necesaria. Por estas razones decidí empezar a formar mi equipo de colaboradores con lo que mi empresa realmente empezó a crecer.

Continúe investigando sobre *Marketing por Internet* y me encontré con un concepto denominado "membresías", al cual encontré similitudes con el servicio de post venta que yo brindaba de manera gratuita. De inmediato decidí implementarlo a través de contratos de mantenimiento. Este hecho fue recibido de manera positiva por algunos clientes y con cierta reserva y negativa por otros. Finalmente todos ellos entendieron que las membresías garantizan la continuidad de los negocios, ya que cubrirían justamente los costos operativos y cuando requirieran de una atención se tendría el personal asignado para resolver cualquier incidencia.

Así es, estaba equivocado

Lo reconozco. Estaba equivocado al pensar que yo tenía que estar atrás de nuevos clientes cuando podía utilizar la Internet para hacerme conocer y que los interesados en un producto similar al mío puedan contactarme.

Estaba equivocado al pensar que con una publicidad de boca a boca podría obtener un nivel de ventas que aseguren el crecimiento sostenido de mi negocio.

Estaba equivocado al pensar que debía ofrecer mis servicios de post venta de manera gratuita, sin considerar que el tiempo es dinero y ese tiempo no lo estaba cobrando.

Cómo Internet cambia los negocios

Se puede hacer uso de Internet para Negocios en Línea (Online), así como para negocios con oficinas físicas o locales de atención al público.

Muchos negocios concentran sus esfuerzos en la búsqueda de clientes, elevando su Gasto de Ventas en pago de nómina de vendedores, comisiones y publicidad física en medios tradicionales. Internet cambia los negocios porque produce que los clientes interesados en nuestro nicho de mercado nos ubiquen a través de los buscadores de Internet.

Para ello es indispensable contar con una estrategia efectiva en Internet para que en el momento que un posible cliente busque nuestro producto, nos pueda encontrar y visualizar la información que podamos brindarle, llamando su atención.

Cualquiera que sea el objetivo que busquemos:
· Que compren un producto.
· Que contraten servicios de consultoría.
· Que asistan a un evento.

Utilizar Internet en nuestro Nicho de Mercado

Antes de empezar nuestro emprendimiento en Internet,

debemos tener o elegir un mercado, el cual debe ser rentable. Para tener éxito en nuestra apreciación de mercado, debemos ver al "mercado" como un grupo de personas, porque en si, los productos no nos van a entregar dinero.

Sin embargo, **las personas sí nos pueden garantizar el beneficio económico que buscamos a cambio de entregarles lo que ellas están buscando**, ya sea un producto físico / digital o un servicio.

Existen diversos mercados que pueden ser explotados en Internet como, por ejemplo:
· Personas que quieren bajar de peso.
· Personas que quieren dejar de fumar.
· Personas que quieren aprender a maquillarse.
· Personas que quieren aprender sobre finanzas.

Estos mercados son solo algunos de los muchos que podemos elegir. Debemos tener en cuenta que las personas buscan conseguir algo que les brinde un resultado positivo. Por ejemplo, como "bajar de peso" y también algo que los aleje del dolor como "evitar sufrir de cáncer al pulmón"; otros mercados buscan la diversión o entretenimiento como "viajar en un crucero". Podemos también buscar un mercado donde las personas están frustradas y buscan algo que les alivie el dolor como, por ejemplo, "cómo ser millonario".

Un mercado debe tener, como cualidad, el ser alcanzable, así como contar con un gran número de personas, y sería mejor que estas personas sean apasionadas en ese algo que les pensamos ofrecer. Con el uso de la Internet podremos llegar a estas personas. Y si no tenemos un producto, podemos ofrecerles lo que ya se está vendiendo en este mercado. Tener en cuenta que primero se busca al mercado y luego se crea el producto.

¿Cuáles son los pasos a seguir para encontrar nichos de mercado rentables?

Podemos mencionar:
1. Trabajar en una lista de nichos potenciales.
2. Investigar sobre el volumen de búsquedas que tiene este nicho en Internet (*)
3. Identificar a la competencia (en Internet la competencia es buenísima).
4. Identificar si ya se están vendiendo productos en estos mercados.

(*) Utilizar el planificador de palabras clave de Google.

Cómo darnos a conocer a nuestro nicho de mercado
Para que nuestro mercado objetivo nos encuentre en Internet requerimos de una estrategia, la cual será plasmada en una "plataforma de negocios en la nube".

Entonces, **debemos tener presencia en Internet**. Para eso necesitamos una **Plataforma** que nos ayude a tener visitantes que vean nuestra información. Luego debemos convertir a estos visitantes en amigos y, a estos amigos - posteriormente - , en clientes, con los cuales tener una relación comercial. Al fidelizarlos, estos clientes se convertirán luego en evangelizadores de nuestro producto o servicio.

Nuestra plataforma requiere tener nuestro propio sitio de Internet, y contar con la total administración de los contenidos que vamos publicar y de los productos o servicios que promocionaremos, además de poder gestionar a nuestros clientes y a la relación que tendremos con ellos.

Para tener funcionando nuestra plataforma en Internet

tenemos que hacer uso de herramientas y técnicas que están disponibles en Internet sin necesidad de ser ingenieros o diseñadores o tener una profesión en especial. Lo único que necesitamos es decisión y empezar a tomar acción.

Cómo empezar a construir mi plataforma en Internet
Nombre de Dominio

Para dar inicio a nuestra presencia en Internet, se debe iniciar con registrar nuestro propio nombre de dominio (midominio.com) ya sea para nuestro negocio (empresa.com) o de manera personal (cesarvallejo.net).

El nombre de dominio que tenemos en mente adquirir puede ser corto o largo en número de caracteres. Lo principal es que debe ser fácil de recordar. Y, antes de hacer nuestro plan de acción con este nombre de dominio, debemos verificar que esté disponible, es decir, que el dominio no haya sido comprado previamente por otra persona.

Los dominios en Internet se adquieren en la modalidad de alquiler anual. Se recomienda adquirir el dominio por un periodo mayor a 2 años, ya que ayudará al posicionamiento natural en el buscador Google.

Puede comprar dominios por Internet desde este enlace: http://www.dominios4u.com

Hospedaje Web (Hosting)

El *Hosting* es un servicio de alquiler de un computador (Servidor) que estará encendido los 365 días del año. Recomiendo que se realice el alquiler indicado, dado que si buscamos contar con ese equipo en nuestras oficinas sería muy costoso, ya que tendríamos que invertir en un buen computador, en energía, en equipos de respaldo y en una muy buena línea de Internet.

Es por esto que existen empresas que nos brindan el servicio de alquiler de servidores.

Las Empresas que nos brindan el alquiler de servidores lo hacen en diferentes planes con costos diferenciados. Nos pueden ofrecer desde compartir un servidor con varios de sus clientes hasta otorgarnos un solo servidor de manera dedicada y exclusiva, todo esto según cuanto estemos dispuestos a pagar. La mayoría de negocios adquieren, en sus inicios, los servicios compartidos, sin presentar problema alguno en el uso.

Tanto el *hosting* como el nombre de dominio tienen un panel de control, por lo que su administración se realiza de manera muy amigable. Es necesario señalar que es una buena práctica que el proveedor de nuestro dominio sea diferente al proveedor de hosting. Para enlazar ambos servicios se requiere tomar nota de los parámetros DNS que nos brinda la empresa del *hosting* y digitarlo en el panel de control del nombre de dominio. Una vez realizado este procedimiento ambos servicios quedan enlazados.

Al tener enlazados nuestro dominio y el *hosting* podemos hacer uso de 3 servicios importantes que nos brinda el servidor.
Servicio MAIL.
Servicio WEB.
Servicio FTP.

· Con el servicio de *MAIL* a través del panel de control del *hosting* podemos crear nuestros principales correos:

ventas@miempresa.com
info@midominio.com

· El servicio WEB nos va permitir visualizar una página Web o blog.

· El servicio FTP sirve para enlazar nuestra PC personal con el servidor y, de esa manera, podemos subir al mismo: archivos, imágenes, videos, etc.; los mismos que van a conformar nuestro sitio Web.

Puede comprar o adquirir alojamiento Web (hospedaje Web): http://www.hospedaje4u.com

Sitio Web
Podemos decidir contratar a un proveedor que desarrolle páginas Web para que diseñe la de nuestra empresa. También la podemos realizar sin la ayuda de una empresa especializada, dado que podemos utilizar herramientas disponibles en Internet.

Debemos precisar que nuestro sitio Web debe estar planificado de tal manera que presente contenido textual referente a nuestro negocio o de lo que queremos dar a conocer, lo cual va ayudar al posicionamiento natural en Google.

No es una buena idea que nuestro sitio Web este basado en *Flash* (Animaciones) y que nuestros textos estén en formato de imagen ya que esta circunstancia no ayuda al posicionamiento natural del sitio Web, dado que los algoritmos de los buscadores no podrían leer el texto que tenemos en nuestro sitio Web.

Actualmente existen Gestores de Contenidos (CMS), los cuales permiten montar una página Web o blog de manera rápida. Justamente el gestor nos ofrece un panel de administración del contenido, por lo que podemos colocar textos e imágenes y mostrarlas de diferentes maneras utilizando plantillas (Themes), las cuales pueden ser gratuitas o de pago.

Los CMS más populares son Wordpress, Drupal y Joomla,

los cuales pueden ser descargados desde sus propias páginas y luego subirlos por FTP al servidor. Todos los CMS hacen uso de base de datos para que el contenido sea dinámico, es decir, que podemos editar el contenido de nuestro sitio Web en cualquier momento. La base de datos se implementa también en el *hosting* y forma parte de los servicios que brinda.

Los *hosting* también traen incorporadas herramientas de auto instalación de CMS, por lo que su instalación puede ser tan simple como ingresar al panel de control del *hosting* (CPANEL) y activar el CMS de nuestra preferencia. El CMS más utilizado es Wordpress.

A continuación algunos sitios Web, realizados con Wordpress:
http://www.cesarvallejo.net
http://www.soluflex.com.pe/
http://www.solutec.pe/

Actualmente se debe considerar que los sitios Web deben ser visibles en PC, Portátiles, Tabletas y *Smartphones*, para lo cual se requiere que el diseño Web sea adaptable (RWD - Responsive Web Desing) con lo cual se consigue adaptar la apariencia de las páginas Web al dispositivo que se esté utilizando para visualizarla: No debemos contar con una Web para móviles por separado, ya que esto genera contenido duplicado, lo que está penalizado por Google y nos afecta en el posicionamiento natural en el buscador.

En caso de no utilizar CMS en el desarrollo del sitio Web, también se pueden utilizar directamente herramientas de creación de páginas Web, las cuales utilizan el código HTML5 y estilos CSS3.

http://www.enlace.pe/ (Html5 y CSS3, sin uso de un CMS).

143

El Contenido del Sitio Web

El contenido de nuestro sitio Web está conformado por texto, imágenes y videos, los cuales deberán captar el interés de los visitantes para que los mismos consuman nuestro contenido. Google mide el tiempo en que un visitante permanece en tu página y, si los visitantes se retiran rápidamente del sitio Web, el buscador asume que el contenido del sitio no es relevante. Entonces debemos tomar en cuenta que para Google es importante cuan relevante es el contenido que publicamos en nuestro sitio Web, principalmente que la información debe ser especializada en nuestro nicho de mercado: Mientras más información de valor publiquemos, mayor será nuestra audiencia y llegaremos así a más personas interesadas, sobre todo aquellas que buscan información afín a la temática de nuestro sitio Web.

Las publicaciones de nuevos contenidos deben ser constantes y de manera periódica, por ejemplo, una vez por semana. El contenido que vamos a publicar puede ser una noticia, videos, audios o artículos afines al nicho de mercado, de tal manera que el visitante valore el contenido que le estamos brindando.

Los navegantes de Internet constantemente regresan a los sitios Web que les ofrecen contenido de valor. El visitante cuando ingresa a una página Web se pregunta **"¿Qué hay aquí para mí?"**, por lo que el contenido que le brindaremos estará enfocado en brindar información valiosa para el visitante y no dedicarnos solamente en hablar de nosotros o acerca de nuestros logros, porque esto puede no ser del interés de las personas que ingresan a nuestro sitio Web.

Es importante que nuestro contenido sea original: Si vamos a copiar un artículo de otro sitio Web, debemos volver a redactarlo con nuestras propias palabras porque Google penaliza el contenido duplicado y, si nos detecta, bajará las posiciones de nuestro sitio Web en su buscador, siendo este hecho contrario a lo que buscamos, que es aparecer en las primeras posiciones de Google para que nuestra página mantenga un buen tráfico.

¿Sabemos Quién consume el contenido de nuestro Sitio Web?

En negocios físicos o puntos de venta podemos saber quién nos ha visitado porque interactuamos con los que han ingresado a nuestro establecimiento, además podemos invitarlos a dejarnos sus datos, que nos llenen una encuesta o diseñar alguna estrategia para que nos brinden sus datos; así como también conocer acerca de qué tipo de cliente nos visita, según la clasificación que hemos creado. Esta calificación o ponderación se basa en nuestra experiencia.

En nuestros sitios Web tenemos una cantidad "n" de visitantes, de los cuales no podemos conocer su identidad. Sin embargo, ellos están visitando nuestro negocio en línea (online). No actuar y no conocer quiénes son nuestros clientes y cuáles son sus preferencias, nos conducirá al fracaso. Nuestra tarea es, en lo sucesivo, conocer **"Quién nos visita".**

Para saber quién visita nuestro sitio Web, debemos conocer, como mínimo, su nombre y correo electrónico (e-mail). Esto puede ser un reto, ya que existe mucha desconfianza en Internet para que las personas acepten brindarnos sus datos de manera proactiva. Es por ello que debemos desarrollar algunas estrategias de éxito comprobado, lo que posibilitará que consigamos los datos que buscamos de nuestros visitantes.

Para capturar el nombre y correo electrónico de nuestro visitante desconocido tenemos que ofrecerle un canje, el cual consiste en entregarle información valiosa, algo que el visitante está buscando, algo que contenga ese beneficio, el cual debe entregarse de manera gratuita. A cambio de lo que vamos a brindarles a nuestros visitantes, ellos deben digitar sus datos en un formulario de registro, el cual podamos grabar en un repositorio, que va formar parte de nuestra "Lista de Prospectos".

La información valiosa que podemos ofrecer al visitante desconocido, ese contenido sumamente interesante que busca al ingresar a nuestra página, puede estar comprendido en infoproductos de interés del nicho de mercado como:
· Un Libro Digital (Ebook).
· Un reporte.
· Guías paso a paso.
· Videos.
· Un Mini-curso, etc.

Una vez que el visitante desconocido se interesa en nuestro infoproducto, tomará acción e ingresará sus datos en nuestro formulario de registro. Luego le enviaremos un correo electrónico de conformidad del envío de datos. Este correo deberá ser validado por el visitante y posteriormente entregaremos el infoproducto. En este momento, el visitante desconocido se convierte en un prospecto; entonces habremos cumplido nuestro objetivo de conocer quién nos visita. Posteriormente estableceremos comunicaciones vía correo electrónico (e-mail). Para nuestro *marketing* habremos convertido un desconocido en un amigo.

Gestión de Listas (Autoresponder)
El objetivo de contar con una lista de prospectos es fidelizar a nuestra audiencia, ofrecerle productos o servicios, comunicar nuestras actividades y seguir otorgando contenidos de valor. Un miembro de la lista también podrá darse de baja o

desuscribirse. Este hecho no debería preocuparnos mientras contemos con nuevos prospectos de manera constante.

Para almacenar los nombres y correos electrónicos de nuestros prospectos necesitamos usar los servicios externos de Gestores de Listas, a los que se les conoce también como "Autoresponders". La función de un *autoresponder* es, justamente, administrar nuestra lista en una base de datos, ya que se encarga de enviar comunicaciones periódicas y programables a nuestros prospectos, de tal manera que podamos seguir entregando contenidos de valor, pero ahora directo al correo electrónico de nuestros prospectos. Un prospecto es aquel consumidor que tiene interés en su nicho de mercado y también en productos o servicios que podemos ofrecerles en nuestras comunicaciones.

Nuestra lista es el principal "Activo" de nuestra plataforma en Internet, ya que podemos ofrecer nuestros productos a nuestros prospectos, así como también ofrecer productos de terceros, con los que podemos ganar comisiones. La lista de prospectos nos van a permitir conseguir ventas, ya que en el momento que un prospecto decide comprarnos se convierte en un Cliente, por lo que ya forma parte de nuestra "Lista de Clientes". Con nuestros clientes debemos tener una relación de largo plazo, con un buen servicio de posventa y una buena estrategia de fidelización. Nuestra lista debe ser construida desde nuestros sitios Web y, por ningún motivo, debemos comprar las listas y enviar comunicaciones a personas que no lo autorizaron, ya que este hecho es considerado *spam* y puede traer como consecuencia la penalización de tus servicios de Internet contratados, desprestigiando tu plataforma de Internet.

Las empresas que brindan servicios de Gestión de Listas (Autoresponders) pueden administrar varios sitios Web, por lo que podemos tener muchas listas segmentadas por nicho de mercado o por categorías, las cuales debemos especificar a través del panel administrador del servicio. Generalmente este servicio es de pago y el costo del mismo está basado en la cantidad de registros que componen la lista. Algunas empresas que destacan en el servicio de *Autoresponder* son:

· Aweber.
· Getresponse.
· Mailchimp.

Para adquirir un servicio de Gestión de Listas (autoresponder) puede hacerlo a través de: http://www.autoresponder4u.com

Cómo conseguir fuentes de tráfico externo para nuestro sitio Web

Nuestro sitio Web va requerir de enlaces externos (backlinks), los cuales producirán que otros sitios de Internet enlacen al nuestro, consiguiendo un mejor posicionamiento y más fuentes de tráfico externo.

a) Creación de *backlinks*

Podemos participar en foros o realizar comentarios en blogs, de preferencia de nuestro mismo nicho de mercado. Al momento de realizar nuestros comentarios, debemos consignar nuestros datos personales y también el "link" de nuestro sitio Web, lo cual va a almacenarse como un enlace externo. También podemos crear blogs fuera de nuestro sitio Web, en donde publicaremos buen contenido, haciendo mención a nuestro sitio Web principal. Se puede utilizar la plataforma de blogs gratuitos de Google, la cual se denomina Blogger.com

b) Redes Sociales

Tener presencia en las redes sociales es importante, ya que nos favorecerá como tráfico externo, pero teniendo en cuenta que el contenido debemos ingresarlo en nuestro sitio Web y luego referenciarlo en las redes sociales para conseguir el tráfico deseado. No es aconsejable tomar a las redes sociales como repositorio principal de nuestro contenido y olvidarnos de nuestro sitio Web, porque estaríamos fomentando el tráfico para la red social y no para nuestra plataforma.

c) Teleseminarios o *Hangouts*
Podemos hacer uso de los teleseminarios (webinars) para tratar sobre un tema o temas relacionados al nicho de mercado. También podemos realizar una entrevista a un experto o a una celebridad, de tal manera que llamemos la atención de nuevos prospectos. Para este caso, podemos hacer un pre-registro al teleseminario, que implica que el interesado te entregue su nombre y correo electrónico, información que ingresarás a tu lista directamente. Este evento puede ser promocionado con publicidad pagada y por colegas que tengan listas del mismo nicho de mercado y nos promocionen el evento, enviando una comunicación a sus suscriptores.

d) Posicionamiento Natural – SEO
Según la calidad del contenido que tiene nuestro sitio Web, los buscadores nos van a posicionar en las primeras posiciones. En el caso de Google, debemos cumplir con sus políticas, diseñando un sitio Web optimizado, de tal manera que sus algoritmos de búsqueda ubiquen las palabras clave que usaremos en nuestro contenido, lo cual nos otorgue una buena posición y, sobre todo, conseguir ubicarnos en la primera página del buscador. Si seguimos las recomendaciones indicadas anteriormente, conseguiremos las primeras posiciones, recordando que los usuarios que buscan en Google

generalmente le dan "clic" a los sitios Web que aparecen en la primera página de búsqueda.

El SEO nos va proporcionar un tráfico gratuito porque no le vamos a pagar a los buscadores de Internet, pero no necesariamente quiere decir que el SEO es gratis. El simple hecho de implementar rutinas y técnicas SEO, puede requerir los servicios de un especialista o de la consultoría de una empresa. El buscador Google en los últimos años está cambiando sus algoritmos cada cierto tiempo con lo cual algunos sitios Web se ven afectados y otros no. Y esto se debe a que Google está premiando el mejor contenido, el contenido más relevante.

e) Pago por Clic - PPC
El pago por clic es la forma más efectiva de conseguir nuevo tráfico calificado de potenciales prospectos. Para tener éxito en una campaña PPC debemos considerar que nuestro anuncio pagado debe ser mostrado a las personas que se encuentran en nuestro nicho de mercado, es decir, segmentarlos por sus preferencias, ubicación (ciudad/país), sexo, rango de edades, entre otros.

Los sistemas de PPC más utilizados actualmente son:
• Google Adwords.
• Facebook Ads.

Importante: Para garantizar que nuestra inversión en pago por clic tenga una conversión efectiva, debemos enviar al prospecto a una página de aterrizaje (Landing Page): Cuando se hace el clic en nuestro anuncio pagado, debemos llevar este tráfico a nuestro sitio Web, pero no a nuestra página de inicio. Lo correcto será enviarlo a una página que contiene una carta de venta que cumpla el objetivo de nuestra campaña.

f)   Mercadeo por correo electrónico (E-mail Marketing)
Enviar correos electrónicos a nuestros prospectos y clientes es la manera más efectiva de mantener un tráfico a nuestro sitio Web. La comunicación debe ser continua, pero debemos enviarla siempre a las personas que se hayan registrado en nuestro sitio Web. Si les enviamos buen contenido, tendremos una relación de largo plazo, teniendo la opción de ofrecerles nuestros productos y también los productos de terceros. Para esto haremos uso de nuestra lista de prospectos.

g)   Videos
Los videos en Internet son muy potentes para atraer tráfico a nuestro sitio Web. Debemos realizar videos que tengan buen contenido y así captar el interés de los visitantes a nuestro sitio. Para un buen posicionamiento de videos se puede crear un canal en YouTube.com , el mismo que, a su vez, es un servicio que le pertenece a Google y que nos va dar posicionamiento en su buscador. Cabe resaltar que YouTube.com es el segundo buscador más importante de la Internet.

h)   Afiliados
Los afiliados son personas que tienen una lista de prospectos del mismo segmento de mercado al que estamos enfocados, probablemente sean nuestros competidores, pero en Internet la competencia se usa, y - a cambio de una comisión - estas personas pueden promocionar nuestro producto a su lista de prospectos y, por cada venta que logremos, entregamos una comisión. A este proceso se le denomina "Marketing de Afiliados".

Finalmente podemos concluir que los negocios en Internet están en franco crecimiento sostenido. Cada vez más personas hacen uso de Internet en sus actividades diarias, entre ellos los gobiernos y empresas privadas, quienes están ahorrando costos usando herramientas en línea. La presencia en la nube y la implementación del *marketing* en Internet a través de nuestra plataforma es el camino que los próximos emprendedores deben seguir para garantizar el éxito de sus negocios, los cuales pueden ser o físicos (off-line) u *online*. Lo único que necesitan, para empezar, es una línea de Internet, un computador y - por supuesto - **la decisión firme de Tomar Acción.**

Siempre recordar que **"en Internet el contenido es el rey"** y que **"el dinero está en la lista de suscriptores".**

Cesar Vallejo Elías
Emprendedor peruano.
Con conocimientos en:
Sistemas Informáticos Empresariales.
Marketing en Internet.
Estudios de PNL en curso.
Mail: cesarvallejoelias@gmail.com
Web: http://www.cesarvallejo.net
Lima – Perú.

Es hora de que
TOMES ACCIÓN

Por: Mauricio Estrada Sánchez

¿Por qué nos cuesta tanto **TOMAR ACCIÓN, si a hoy, hemos completado innumerables acciones exitosas y nuestra naturaleza es la acción?**
El **TOMAR ACCIÓN es y ha sido una constante en nuestras vidas.**

En cada una de nuestras células, está registrado el actuar. Desde nuestra concepción hasta el día de hoy, cada célula ha realizado su tarea para mantenernos con vida y lo más sanos posible. La vida es acción. Cada célula, cada organismo, tiene la necesidad de mantenerse con vida y evolucionar, para lo cual, genera un estímulo que es la motivación para satisfacer una necesidad. Son innumerables todos los procesos de acción que se han llevado a cabo de manera exitosa en nuestro cuerpo para estar vivos hoy, leyendo este libro.

Desde nuestro nacimiento hasta hoy día, en mi caso con 53 años y quizás usted con 18, 25, 30 45 u 80 años, hemos estado actuando en los diversos contextos de nuestras vidas.

Actuamos en nuestra educación: al pasar por el preescolar, la primaria, el bachillerato, la universidad, etc.

También hemos actuado respecto a las relaciones personales, laborales, etc.
Si lo anterior es así, ¿por qué nos cuesta tanto tomar acción?

La falta de coherencia, respeto y acompañamiento de   los

padres, cuidadores, adultos, educadores y sociedad en general, es causa de una buena parte de las barreras internas autolimitantes, que tanto nos bloquean.

Cuando no hay coherencia entre lo que dicen o hacen los mayores respecto a la experiencia del niño, sumada a situaciones que este percibe como dolorosas o amenazantes, situaciones propiciadas por alguno de estos, el niño puede comenzar un alejamiento de la realidad al pensar que lo que está viviendo en ese momento presente no se compara con lo que él se imagina debería estar sucediendo. Y este mecanismo creado por las circunstancias lo llevamos de manera permanente con nosotros.

A unas personas se les facilita tomar acción más que a otras, incluso, algunas pueden quedar bloqueadas.

A los que se les dificulta un poco, tuvieron en sus experiencias menos coherencia, respeto y acompañamiento; seguramente recibieron muchas críticas, y las personas que se bloquean completamente, seguramente tuvieron repetidamente, malas experiencias, donde de alguna manera sintieron miedo, amenaza o maltrato en momentos donde necesitaban comprensión, apoyo y guía. Para estas personas actuar, representa volver a sentir lo mismo (rechazo, amenaza o maltrato), por lo que estos sentimientos tienen que ser evitados a toda costa. Entonces para la persona es preferible no actuar, en vez de arriesgarse a sentir supuestamente lo mismo que en la experiencia negativa pasada.

Entendiendo lo que significa "Contenido" y "Contexto" podemos empezar a orientarnos hacia una solución.

CONTENIDO significa: la cosa en sí, y CONTEXTO, significa: la manera como nos relacionamos con ella.

Volviendo al ejemplo de las personas que quedan paralizadas cuando de tomar acción se trata, la experiencia negativa que vivieron en el pasado es: **El Contenido**, y las circunstancias, las personas, la edad que se tenía, las experiencias de vida acumuladas en ese momento, son: **El Contexto**.

Al tratar de tomar cualquier acción, en el presente, ya con edad adulta, rodeada de personas diferentes, sus recuerdos al mantenerse en el mismo contexto pasado, evitarán que tome nuevas acciones, porque su mente piensa que va a sentir los mismos sentimientos del pasado y como no sabe qué hacer con estos sentimientos, los evita.

Cuando una persona experimenta dificultades para tomar acción, es porque esa persona está manteniendo la situación actual, del presente, en un CONTEXTO pasado, lo que lo hace inapropiado para la actual experiencia.

Diferente es estar agradecido con lo que esté viviendo en un momento presente, así tal experiencia no sea la mejor, pero como dicen en algunas terapias, eso es lo que hay.

Aprender a disfrutar cada experiencia de vida, sea esta solamente el 1 por ciento disfrutable, nos enruta en el camino de la eliminación de nuestras barreras internas autolimitantes.

Estas barreras internas autolimitantes que nos bloquean el tomar acción, las genera nuestra mente, al crear un mecanismo por medio del cual, compara nuestra experiencia del momento presente, que para nosotros no es lo que quisiéramos estar viviendo, con lo que nos imaginamos sería mejor que estuviera sucediendo, a esto, se le llama "Mal-Hacer". Esta comparación bloquea de inmediato nuestro potencial para <u>tomar acción</u>. Como resultado obtenemos una sensación desagradable en nuestro cuerpo.

Como nosotros, los seres humanos, tenemos la necesidad de sentirnos bien y al mismo tiempo tenemos un fuerte deseo de tener razón, nuestra mente decide que la experiencia que estamos viviendo y que no cumple nuestras expectativas, realmente es mala en sí; y como no podemos seguir viviendo con esa contrariedad de manera permanente, nuestra mente retira la consciencia de esta situación no deseada, dejándonos inconscientes del mecanismo utilizado (Mal-Hacer) para separarnos de los sentimientos desagradables que tenemos al "Mal-Hacer" lo que se denomina "Represión de los mismos".

Al ser inconscientes de cada experiencia incómoda que vivamos, las sensaciones desagradables se almacenarán en alguna parte de nuestro cuerpo, creando tensiones crónicas que con el tiempo se convierten en algún problema de salud.

Es interesante mencionar aquí, que la sensación percibida en nuestro cuerpo como desagradable, la que nos lleva posteriormente a la retirada de la consciencia de esta, en el afán de sentirnos bien, una vez sepamos qué hacer con ella (permitirnos sentirla), será la que nos libere.

¿Qué ha pasado con el Ser Humano en el pasado y qué está pasando con él, hoy en día?

Desde hace muchos años el ser humano se ha concentrado en el desarrollo de sus competencias cognitivas, asociadas al saber y al conocimiento, a las competencias técnicas, asociadas al saber hacer; descuidando las competencia emocionales: asociadas al sentir, experimentar emociones, sentimientos y sensaciones, y a actuar en consecuencia.

Esto ha causado un gran desequilibrio en el ser humano, el cual podemos ver en miles de ejemplos de la sociedad de hoy en día.
Maltrato infantil
Violencia intrafamiliar
Disolución de los hogares
Intolerancia
Drogadicción
Corrupción
Violencia en general
Deterioro ambiental
Maltrato animal
Desigualdad de oportunidades
Estrés
Miedo en todos los ámbitos sociales
Problemas de salud
Alzheimer
Adicciones
Baja autoestima
Etc.

Definitivamente debemos entender que necesitamos conectarnos con nuestro ser, con nuestro sentir, con nuestra inteligencia emocional, incluso para poder aprovechar nuestro gran potencia cognitivo, técnico y relacional.

El potencial máximo lo logramos, cuando nuestras capacidades: cognitiva, técnica, relacional y emocional, se encuentran equilibradas, trabajando hacia un mismo fin.

Aquí quiero comentar algo importante: En ningún momento, al mencionar en este capítulo, que podemos lograr el máximo potencial humano, refiriéndome exclusivamente al potencial logrado a partir de las competencias, puede igualar al verdadero potencial que se puede lograr en el camino espiritual.

EL PODER del SENTIR - La conexión con nuestro potencial emocional

Lo invito a que entre en acción, realizando el siguiente ejercicio a consciencia:

Cuando usted está ALEGRE, ¿cómo se da cuenta?, ¿qué pasa en usted?, ¿qué pasa en su cuerpo?

Cuando usted está ESTRESADO, ¿cómo se da cuenta?, ¿qué pasa en usted?, ¿qué pasa en su cuerpo?

Cuando usted tiene EL VALOR de enfrentar alguna dificultad, ¿cómo se da cuenta?, ¿qué pasa en usted?, ¿qué pasa en su cuerpo?

Cuando usted tiene IRA, ¿cómo se da cuenta?, ¿qué pasa en usted?, ¿qué pasa en su cuerpo?

Si usted pudo conectarse con su cuerpo, se debió dar cuenta que, tanto la alegría como el estrés, el valor, la ira y muchas otras; la tristeza, la determinación, el miedo, el optimismo, la confianza, la ansiedad, la impaciencia, etc., todos tienen algo en común: son sensaciones en nuestro cuerpo, son sensaciones diferentes, sensaciones que se SIENTEN; valga la redundancia, lo menciono así, para que hagamos consciencia del sentir.

Y si ahora analizamos que cuando nos SENTIMOS de manera agradable, estamos más relajados, somos más pacientes, más solidarios, más compasivos, no nos tomamos las cosas de manera personal, nos podemos poner en los zapatos de la otra persona y ver su punto de vista, podemos aceptar en nosotros y en otras personas ingenuidades, nos relacionamos más fácilmente, nos comunicamos de manera más asertiva, podemos alcanzar nuestras metas más fácilmente, trabajamos en equipo de manera más armoniosa, resolvemos conflictos más fácilmente, gozamos de mejor salud y disfrutamos más la vida.

Cuando nos sentimos ansiosos, con ira o con miedo irracional, lograr lo mismo con los múltiples beneficios adicionales, es imposible; aunque sí podríamos, por ejemplo: lograr las metas propuestas, pero a un alto precio que se pagará más tarde bien sea en salud, en las relaciones interpersonales, etc. Todo lo que hagamos debemos tratar que esté en armonía con todos los aspectos de nuestra vida y que aporte al sentido de bienestar de todos.

Ahora quiero mencionar que lo que sentimos en cada sensación, en cada dolor, es: energía.

De igual modo cuando sentimos ese cosquilleo en la pierna, cuando esta se ha dormido por una mala posición, esa sensación es energía. Cuando sentimos un dolor de estómago, o un calambre en un pie, también lo que SENTIMOS es energía. Con cada SENTIMIENTO y EMOCIÓN lo que sentimos, es un patrón de energía diferente. Por lo tanto, no existen SENTIMIENTOS O EMOCIONES NEGATIVAS. Lo que sentimos con ellos, son patrones de energía con intensidades agobiantes, que nos hacen pensar que son peligrosas para nosotros (estrés negativo, por ejemplo).

En el caso de los SENTIMIENTOS y EMOCIONES POSITIVAS, sentimos patrones de energía agradables y/o exigentes, ambos son disfrutables. El primero nos mantiene en nuestra zona cómoda y el segundo, como su nombre lo dice, nos lleva a la zona de exigencia (estrés positivo o autoestrés), estrés que nos ayuda a mejorar, a avanzar a evolucionar.

Cuando vivimos una experiencia, nuestro cerebro percibe una imagen y una sensación de manera simultánea, e inmediatamente busca en el inconsciente experiencias parecidas ocurridas en el pasado y las compara; si estas fueron agradables, disfrutaremos la nueva experiencia, pero si lo que tenemos registrado, es una experiencia muy desagradable, donde nuestro cerebro la percibió como una amenaza para la vida, esta experiencia presente que estamos viviendo, será nuevamente una amenaza para nuestra vida, así el contexto sea totalmente diferente, impidiéndonos disfrutar el momento y optando de manera inconsciente por algún comportamiento no deseado por nosotros, que no va a aportar en nada a nuestro sentido de bienestar.

Por medio del aprendizaje de la Técnica de Vivation nos permitimos SENTIR todo lo que cada experiencia de nuestra vida nos da. Nos permite maximizar todos los sentimientos agradables, nos permite disfrutar los sentimientos de exigencia y nos permite transformar los sentimientos desagradables o agobiantes en sentimientos que aporten a nuestro sentido de bienestar, esto es lo que se llama integración.

TODOS NUESTROS SENTIMIENTOS, EMOCIONES Y SENSACIONES APORTAN A NUESTRA VIDA

El Miedo
Es un sentimiento importantísimo en nuestra vida, tiene el propósito de protegernos.
En su función sana, nos mantiene en un estado de alerta coherente a la situación que estamos viviendo.

Cuando percibimos alguna situación que se sale de lo que estamos acostumbrados a vivir, se activa la alarma en nuestro mecanismo de protección, pasando a un nivel superior durante el cual, empezamos a experimentar sentimientos fuera de nuestra zona cómoda, sentimientos de exigencia. Estos sentimientos de exigencia, actuando de manera sincronizada con nuestros pensamientos presentes y experiencias pasadas, intervienen de manera oportuna y creativa actuando en consecución del objetivo deseado hasta alcanzarlo.

Cuando experimentamos sentimientos de amenaza contra nuestra vida, actuamos: quedándonos quietos "pudiendo llegar hasta tal punto que otra persona no perciba vida en nosotros", atacamos para defendernos o emprendemos la huida.

El miedo en su función alterada, es el gran limitador e inhibidor de nuestro potencial humano. Es el responsable de una buena parte de los problemas que experimentamos en todos los ámbitos de nuestra vida: comunicación, relaciones con nosotros mismos, con otras personas, laborales, con los animales y el medio ambiente.

Se altera al vivir experiencias traumáticas coherentes y experiencias traumáticas no coherentes.

La experiencia al sobrepasar nuestra capacidad de manejo emocional, principalmente cuando éramos niños, al experimentar esos sentimientos de amenaza, en muchas ocasiones provoca una disociación entre la imagen de nuestra experiencia vivida y los sentimientos y emociones experimentados en la misma. Vivir de manera consciente con esa experiencia traumática pone en peligro la integridad física principal del ser humano en el corto plazo, por lo que, nuestro mecanismo de protección recurre a guardarla en el inconsciente, para que desde allí nos dé un mayor tiempo para resolverla.

Los Sentimientos y las Emociones

Son todas las sensaciones físicas percibidas en el cuerpo. Estas sensaciones se pueden manifestar como: dolor, presión, cosquilleo, picazón, alegría, tristeza, angustia, miedo, motivación, entusiasmo, etc. Podemos decir que las emociones son: sentimientos que nos mueven hacia algo.

Las diferentes sensaciones físicas que sentimos son en realidad, diferentes **Patrones de Energía**. La diferencia está en que unos patrones de energía son agradables de sentir y otros no. Para cada persona son diferentes los niveles de disfrute y de tolerancia, y esto se debe gracias a sus experiencias de vida.

En todos los tiempos ha habido mucha confusión respecto a los sentimientos y a cómo nosotros los expresamos. Y esta confusión se presenta porque no sabemos qué hacer con los sentimientos desagradables, y la premisa sobre ellos es hacer algo o tomar algo para evitar sentirlos.

La humanidad ha recurrido a diferentes drogas para evitar sentir los sentimientos desagradables e incluso, lo más sorprendente es que ni siquiera nos permitimos sentir los sentimientos agradables. Por ejemplo, cuando celebramos un gran logro nuestro o de un ser querido, al no saber qué hacer con esas sensaciones, celebramos tomándonos unos tragos, los que van a dormir nuestro sistema nervioso.

Definiciones de las palabras Sentimientos y Sentir

Iniciaré esta parte mencionando las definiciones de las palabras **Sentimientos** y **Sentir**, obtenidas en un reconocido diccionario, no para juzgar si el diccionario define bien las palabras, sino para aprovechar esta información, la cual es, un reflejo de la sociedad, en cuanto a cómo esta, maneja estas dos palabras.

Según la definición del diccionario Larousse: Sentimiento es: Acción de sentir y Sentir v. es: 1. Percibir alguna sensación por medio de los sentidos, excepto el de la vista. 2. Experimentar determinada sensación física o moral: sentir hambre, pena. 3. Lamentar algún suceso triste o doloroso, <u>siento mucho lo ocurrido</u>. 4. Tener la impresión, creer, opinar: <u>no siente lo que dice</u>. 5. Tener determinada disposición o capacidad de experimentar ciertas sensaciones o emociones: sentir el arte. 6. Presentir, barruntar v: prever, conjeturar, presentir: barruntar un peligro. 7. Ser consciente de algún hecho subjetivo, darse cuenta: *sentía que no lo lograría*; *sentirse morir*. Sentirse v. Pron 8. Encontrarse en determinada situación o estado físico o moral: *sentirse contento*. 9. Considerarse, reconocerse de cierta manera: *sentirse importante*. 10. Tener un dolor o molestia en alguna parte del cuerpo. 11. Méx. *Ofenderse, sentirse triste o herido por lo dicho o hecho por alguien: se sintió cuando le pedí que me pagara.*
Sentir n. m. 1. Sentimiento. 2. Opinión, parecer. Exponer el sentir sobre una idea.

Lo que se puede observar de todas estos significados, es que encontramos expresiones de lo que es un sentimiento realmente y otras expresiones que carecen de sentimiento y que son más bien, pensamientos.

Un sentimiento o una emoción es: una sensación corporal. Lo demás, son pensamientos.

Volviendo a las definiciones anteriores, tenemos lo siguiente: Sentimientos: 1. Percibir alguna sensación por medio de los sentidos. 2. Experimentar determinada sensación física. 3. Sentir hambre, pena. 4. Tener determinada disposición o capacidad de experimentar ciertas sensaciones o emociones. 5. Sentirse morir. 6 Sentirse contento. 7. Tener un dolor o molestia en alguna parte del cuerpo. 8. Sentirse triste.

Pensamientos: 1. Lamentar algún suceso triste o doloroso, siento mucho lo ocurrido. 2. Tener la impresión, creer, opinar: no siente lo que dice. 3. Sentir el arte. 4. Presentir, barruntar v: prever, conjeturar, presentir: barruntar un peligro. 5. Ser consciente de algún hecho subjetivo, darse cuenta: sentía que no lo lograría. 6. Sentirse importante.

Entender claramente: qué es un sentimiento y qué es un pensamiento nos ayuda a ser coherentes. La falta de coherencia desde mi punto de vista, es el gran problema del ser humano. La falta de coherencia es la que permite toda clase de problemas, injusticias y atrocidades.

Sentimiento: Toda sensación física.

Pensamiento: Capacidad que tienen las personas de formar ideas y representaciones de la realidad en su mente, relacionando unas con otras.
"El pensamiento es una cualidad humana".

Las personas nos comunicamos realmente cuando nos conectamos con la otra persona, y esto se logra a través de expresar nuestros sentimientos y emociones, y de la manifestación de nuestras necesidades.

Los invito a actuar en este sentido: eliminen de su vocabulario la expresión que desde mi punto de vista es revolucionaria y fue introducida por el doctor Marshall B. Rosenberg, Ph.D. quien Desarrolló el Proceso de "Comunicación no Violenta".

Siento que........., según Rosenberg, lo que expresamos aquí es un pensamiento y no un sentimiento. Esta expresión es la causante principal de que no haya empatía en la comunicación, de que no se preste realmente atención en lo que la otra persona quiere comunicar.

Utilicen en cambio la expresión pienso que.......... Y en la comunicación que están teniendo, mencione sus sentimientos tal como son. Como ejemplos tenemos los siguientes:

Me siento:
Abierto
Afectuoso
Alegre
Aliviado
Apasionado
Audaz
Calmado
Capaz
Cómodo
Compasivo
Confiado
Descansado
Despejado
Efusivo
Feliz
Abatido
Aburrido
Agotado
Asustado
Deprimido
Desalentado
Frío
Infeliz
Tenso.

Esta es una invitación a que nos conectemos más con nuestros sentimientos, esto nos conectará con nuestro verdadero potencial.

Eliminará las barreras internas autolimitantes.

Cuando utilizamos la expresión siento que...... realmente estamos describiendo un pensamiento, haciendo una evaluación o una interpretación.

Expresiones como:

Siento que tú no me quieres. No expresa lo que siente la persona que habla, sino lo que ella piensa que siente la otra persona.

Cuando no me miras, me siento rechazado. Expresa lo que piensa la persona que habla sobre lo que hace la otra persona. Diferente sería si se dijera: Me siento triste, cuando no me miras.

La Solución a Nuestros Conflictos

Como les he comentado, el tema que bloquea nuestro potencial humano, se debe a que nos hemos alejado de nuestros sentimientos y emociones, y por ende de lograr armonía en nuestras vidas, en todos los ámbitos tanto: personal, familiar, profesional, económico, mental, físico, social y espiritual.

Nuestros sentimientos, emociones y sensaciones nos permiten reconectarnos con la realidad, de todos los sucesos difíciles que superaron nuestras capacidades de manejo emocional, viéndose nuestra mente obligada a defendernos, utilizando el mecanismo para separarnos del presente que no cumplía con nuestras expectativas y las comparaba con lo que pensábamos que sí debería estar sucediendo "Mal Hacer" y posterior

"Represión" de los sentimientos desagradables producidos por "Mal-Hacer", retirándolos de nuestra consciencia.

La solución está en revertir esa **"Represión"**, permitiéndonos sentir esos sentimientos desagradables producidos por el mecanismo de comparar nuestra vivencia real con lo que quisiéramos que mejor estuviera pasando.

"Mal-Hacer".
Para esto utilizamos una técnica que nos va a permitir darnos cuenta de una habilidad que habitualmente usamos los seres humanos a nivel inconsciente en situaciones dentro de nuestra capacidad de manejo emocional.

Esta técnica se llama VIVATION. Desarrollada por Jim Leonard (Q.E.P.D.).
Nombre inventado por él y derivado de las raíces latinas:
"VIV" = Vida y "ATION"= Acción.
Pronunciado: Vaivei'shion.

"Cualquier cosa que se hayamos "Mal Hecho" y reprimido puede ser integrada con Vivation. Vivation usa los sentimientos en el cuerpo físico para llegar a la mente. Todo lo que hayamos "Mal-Hecho" y reprimido ha dejado un huella de energía en nuestro cuerpo que se quedó ahí, en represión, esperando a que le prestemos atención.

¿Cómo trabaja Vivation?
Enseña 5 elementos que con su práctica se convierten en habilidades, permitiéndonos crear las condiciones adecuadas para que nuestra capacidad natural de integrar los sentimientos, emociones y sensaciones reprimidas se pueda conseguir.

Nos capacita para "SENTIR" las sensaciones que nos produce

cada momento de nuestra vida, conectándonos con nuestro cuerpo y optimizando nuestro bienestar y el uso de nuestras competencias cognitivas, técnicas, relacionales y emocionales.

Es una herramienta muy útil para mantenernos de manera permanente en el momento presente y poniendo atención en lo importante para nosotros.

Nos hace ser seres humanos más equilibrados.

Es un auto-apoyo muy eficiente e importante que nos viabiliza el tomar acción y el conocernos a nosotros mismos para que podamos actuar en todos los ámbitos del ser humano para conseguir los resultados deseados.

Vivation nos permite experimentar nuestros sentimientos y pensamientos de forma sincera, sin llegar a sentirnos abrumados por ellos.

Vivation nos brinda autonomía y lo podemos utilizar a todo momento en cualquier situación y lugar. En tiempo real y sin necesitar ayuda de nadie.

El método arriba compartido, me ha sido de gran ayuda en todos los aspectos de mi vida, y como emprendedor ha sido fundamental, porque uno se enfrenta a una montaña rusa emocional permanentemente.

Mi Experiencia como Emprendedor

Primero que todo agradezco a mi padre, Antonio José Estrada Murillo (Q.E.P.D.), y a mi madre, Rut Natalia Sánchez de la Calle, por haberme permitido nacer y por todo lo demás, que con gran esfuerzo y ejemplo, me dieron.

También agradezco a mis primeros socios. Juan Manuel Lozano Sánchez y a Eduardo Triana.

Fundé mi primera empresa en el año 1992, Induworker Ltda., y aún sigue activa. Desempeño el cargo de Director Comercial. Luego en el año 2000 fundé otra empresa, Pisos Técnicos M. Estrada E.U. la cual, en el año 2006 fue absorbida por Induworker Ltda. Mi formación universitaria fue como Ingeniero de Petróleos, trabajando en empresas como Exxon, Hocol y Ecopetrol. Posteriormente, viajé a Estados Unidos para tratar de engancharme con alguna petrolera allá y para aprender el inglés. Al regresar empecé a trabajar en ventas hacia la industria petrolera, en una empresa multinacional de origen suizo, y realmente estaba aterrado respecto a las ventas, porque mi formación era orientada hacia el tema de la ingeniería, incluso llegué a decirle a mi jefe que me enseñara a vender y me respondió que eso no se enseñaba, que eso era natural en algunas personas. Con el tiempo, le fui tomando confianza y me fui desenvolviendo bien en los productos que tenían que ver directamente con la industria petrolera.

Pero, muy profundo dentro de mí, quería ser un empresario independiente, y en el año 1992, trabajando para esa misma empresa, con mi novia, Adriana Lucía González, hoy en día mi esposa, tomamos la decisión de formar una empresa para lo cual, invité a un primo hermano para que fuera mi socio.

Iniciamos la empresa con un objeto social diferente al de hoy día, Prendas e Implementos de Seguridad Industrial. Yo trabajaba en ambas partes, y lo podía hacer porque las actividades de la nueva empresa como eran pocas, me lo permitían. Todo marchaba bien con el socio hasta que un día le dije que se encargara de la empresa de manera directa, como yo lo había hecho hasta el momento, debido a que iba a empezar una especialización de gerencia financiera en la Universidad de Los Andes; respondiéndome que él no tenía tiempo.

Hasta ahí llegó esa relación comercial, comprando sus acciones, mi novia.

Posteriormente, un cuñado de mi novia, arquitecto con una experiencia básica y muy rudimentaria, en la fabricación de pinturas y recubrimientos especiales, dirigidos principalmente hacia la industria, me propuso asociarme con él, con el objetivo de producir formalmente las pinturas y recubrimientos, y así lo hicimos. Yo me dediqué a mejorar los procesos, adquirí equipos, contratamos una persona de laboratorio para que me ayudara en la producción y control de calidad. También me dedicaba a las actividades de ventas y a dirigir la aplicación.

Un buen día cuando negociaba un proyecto muy importante, mi socio, el arquitecto, me dijo que como yo tenía poca experiencia en la aplicación, él me iba a apoyar con su personal de la empresa de arquitectura. Tan pronto firmé el contrato y le dije que listo, que el trabajo estaba aprobado, que necesitaba el apoyo de él y de su personal, me dijo que no podía acompañarme ni apoyarme porque tenía invitados en la finca. Como usted se puede suponer, hasta ahí llego esa relación comercial también.

Decidimos con mi novia seguir en el negocio de las pinturas y recubrimientos especiales para los pisos. Como no teníamos experiencia en crear empresa, tomamos una capacitación en Fundaempresa. Definitivamente es muy importante capacitarse continuamente.

Cuando asistimos a la primera clase de *Marketing*, me quedé sorprendido al ver que el instructor era un excompañero del colegio, el cual recordaba yo, como no muy aplicado. Un consejo de él, el uso de la creatividad, el valor mío, el apoyo de mi novia, la apertura a realizar cosas nuevas de mi trabajador y la astucia de nosotros los colombianos nos llevó a ganar un proyecto muy importante con la empresa Siemens. Lo interesante de esta historia, es que lo que requería el cliente, que era un piso polimérico para recuperar la superficie de los pisos de concreto de todas las áreas de producción en su planta en Bogotá, yo no sabía cómo hacerlo. Nos armamos de valor y acudimos a la cita que nos había puesto la empresa para realizar la muestra. Ellos invitaron a otras dos empresas multinacionales para competir por el proyecto.

El Consejo del Instructor de *Marketing*

El consejo dado por nuestro instructor de *Marketing* fue el de colocar un anuncio en el directorio de páginas amarillas de Bogotá.

Colocamos el anuncio en octubre. El anuncio incluía la frase "Ingeniería de Superficies Industriales Induworker Ltda".

En los primeros días de diciembre recibí una llamada de la empresa Siemens, solicitando una visita a su planta. Le pregunté que ¿cómo nos había ubicado? Y me respondió que en el directorio de páginas amarillas. Yo quedé sorprendido porque ese directorio era el del año siguiente.

La persona también comentó que lo que le había gustado de nuestro anuncio era la frase de "Ingeniería de Superficies Industriales", lo que nos daba un carácter de especialistas.

Sigue mi Experiencia como Emprendedor…

Cuando llegó el momento de hacer las muestras y como no sabíamos nada de cómo hacerla, envié a nuestro trabajador, el señor Israel Torres Días, quien es todo un personaje por su inteligencia, su dedicación al trabajo, su deseo de progresar, el cuidado que tenía con todo; lo envié a mirar a las otras empresas cómo hacían su muestra. Y me fue diciendo paso a paso cómo las iban realizando y fuimos comprando lo necesario, haciendo las mezclas parecidas y obtuvimos un resultado aceptable.

A los pocos días, me citaron en la empresa y me dieron la buena noticia, la orden era nuestra. Fue un momento de gloria, me sentí feliz, era el primer gran trabajo que prometía abrirnos un gran futuro y quería llegar a darle la buena noticia a mi novia. Fue emocionante.

Esa misma noche me empezó la angustia, ¿ahora cómo iba a responder ante tal responsabilidad, sin la experiencia requerida? Mi novia me dijo: Mauricio, qué cosa contigo, sufres cuando no tienes trabajo y sufres más cuando te sale.

Me puse a estudiar los catálogos de una compañía americana multinacional muy influyente en el mercado. Observé las fotos y copié lo mejor que pude lo que parecía ellos hacían. Copiamos el proceso, fabricamos los productos con la consistencia con que se veían en las fotos, compramos los equipos y así lo hicimos.

Fue una aventura emocionante, estresante, en algunas ocasiones casi llegando al colapso nervioso, pero salimos adelante. Mi novia en ese proceso fue un apoyo importantísimo, cuando para mí en algún momento todo estaba en caos. Donde percibía que iba a fracasar. Ella me animó en esos difíciles momentos y me ayudó a centrarme y a recobrar el objetivo, terminar el trabajo y que el cliente quedara satisfecho.

Me ayudó a renegociar las condiciones económicas de la primera bodega ya que cometí el error de no medir el área desde el inicio, basándome en los datos del área que el cliente me había dado. El área resulto ser un 25 por ciento menor.

Gracias a ella esta empresa existe aún. Por mí, se hubiera acabado en ese momento tan difícil.

Empezamos a ser más visibles, a salir del bosque
Durante esa obra, el diario de La República, nos hizo un reportaje de la empresa, de lo que hacíamos, publicó un artículo en su periódico.

Posteriormente otra entidad me entrevistó por radio.
Por esos días, por casualidad, me encontré en una calle de Bogotá, a mi excompañero de universidad y compañero de tesis Gonzalo Castañeda Cantillo. Quien pocos días después de ver la publicación del diario de La República y de conocer la obra en Siemens, se asoció junto con su señora (Elsy Liliana Gualdrón Pinto) con nosotros. Fue un gran paso y otro cúmulo de experiencias de aprendizaje.

Nuestras señoras se retiraron de la empresa, hubo diferencias con mi socio, él se retiró, yo seguí con la empresa. Tratamos de negociar con él, quién compraría la parte del otro socio y como ninguno podía, seguí dirigiendo la empresa.

Como las cosas iban tornándose cada vez más difíciles por las críticas de mi socio, todo apuntaba a que la empresa posiblemente cerraría. En un arrebato le dije que manejara él la empresa para que viera que no era nada fácil hacerlo, y él aceptó.

Yo realmente, sentía mucho temor al imaginarme, dependiendo económicamente de las decisiones de sueldos que él tomara.

Recibí unas propuestas del representante para América Latina, de una empresa americana que representamos en Colombia, propuesta de trabajar independiente de mi socio y formar una nueva empresa dedicada a las dos líneas de productos que él manejaba. El socio de una empresa suiza a quién también representamos, me propuso que yo me dedicara a la parte de comercialización de sus productos y que mi socio con Induworker Ltda, se dedicara a la aplicación.

El socio de la empresa suiza nos invitó a comer con mi señora, mi socio y su señora, para explicar la estrategia que queríamos desarrollar. Mi socio y su señora esperaban que la ayuda de la nueva estrategia involucrara directamente a Induworker Ltda, pero al darse cuenta de que el apoyo económico, iba direccionado a mi actividad de comercialización del producto, esto cayó como un balde de agua fría para ellos. Verdaderamente fue una puñalada por la espalda, propiciada por el representante de la empresa y por mí. Decisión contraria a lo que debe ocurrir en una sociedad donde todos trabajan por el mismo objetivo.

No pretendo justificarme, pero aquí se puede ver el efecto de lo que puede hacer en una persona el miedo irracional y la desconfianza. Realizar acciones que no apoyan el bienestar común de los socios de una empresa.
La confianza entre ambos, mi socio y yo, se había resquebrajado.

Posteriormente constituí a Pisos Técnicos M. Estrada E.U.
A mí, me perturbaban los comentarios de mi agente de seguros de esos años, diciéndome que mi socio podía hacer movimientos fraudulentos y meterno en un gran lío. Debido a estos comentarios, un día le dije a mi señora que vendiéramos barato nuestras acciones o incluso se la regaláramos a Luz y a John, hermana de mi socio y su marido, quienes trabajaban en la empresa, con tal de evitar los problemas que me estaba imaginando.

Mi señora siempre confió en mi socio. Me decía que él venía de una familia maravillosa, un padre responsable (Gonzalo Castañeda) y mamá fuera de serie: amorosa, dedicada a sus hijos, también adoptaba a todos los amigos de su hijo e hijas (Leonor Miladis de Castañeda). Estos comentarios me animaron a seguir adelante, como socio de Induworker Ltda.

En el año 2006, mi socio repartió muy buenas utilidades, dinero que nos sirvió para cambiar de apartamento. Este hecho fue un inicio para recobrar mi confianza en él.

Un día cuando le proponía que contratáramos a un *coach* para que ayudara a fortalecer la empresa, él me propuso que volviéramos a unir fuerzas. Esa fue una magnífica propuesta. Yo ya estaba a punto de enloquecer con Pisos Técnicos M. Estrada E.U.

Negociamos de tal manera que quedáramos cada uno con el 50 por ciento de las acciones de la empresa y con sueldos iguales, así él fuera el Gerente y yo, el Director Comercial. Esto fue muy importante, porque nos permitió concentrarnos cada uno en nuestras responsabilidades, sin que nuestra mente estuviera diciéndonos que yo debería ser el gerente y no él, y ganar el dinero que él gana, etc.

Hablamos de las diferencias, le pedí disculpas por mi comportamiento egoísta, y poco a poco, esas heridas emocionales se han ido cerrando con el tiempo, y la confianza se ha ido edificando nuevamente.

Dentro de la negociación, Induworker Ltda. absorbió a Pisos Técnicos.

Él es un muy buen gerente, cuida el dinero y es muy prudente. A mí se me facilita más el área comercial, me fascina la investigación y el desarrollo, y apoyo en el área de mejoramiento humano y de la productividad.

La principal fortaleza de Induworker Ltda. en estos momentos a sus 22 años de existencia es, su gente. Algunos directivos y jefes son familiares de mi socio. Esto ha hecho una tremenda diferencia con otras empresas que con mucho más capital que la nuestra se han visto expuestas a renuncias masivas.

Quiero aprovechar las líneas siguientes para nombrarlos y agradecerles su amistad y dedicación.

Elsy Liliana Pinto Gualdrón, esposa, coordinadora de la implementación de las normas NIIF; Luz Miladis Castañeda Cantillo, hermana, Directora Administrativa; Paola Milena Castañeda Cantillo, hermana, Asesora Técnica de Ventas; Alba Stella Gualdrón, cuñada, Arquitecta Asesora Técnica de Ventas; Fernando David Hernández Avendaño, Jefe de Aplicación y su señora Mery Celena Castañeda Cantillo, hermana, y primera de su familia en trabajar en la empresa. John Edgar Rodríguez, primer marido de Luz Miladis, Ingeniero Director de Operaciones. David Rodríguez Hernández, tío de John Edgar, Jefe de Producción y Equipos; Alex Eduardo Domínguez, primo encargado de los Sistemas; David Moyano, Líder de Producción y Equipos, cuñado de John Edgar. Y a todo el grupo de colaboradores.

Hoy en día somos, en promedio, 50 trabajadores directos.
La empresa cada año crece en ventas, seguimos capacitándonos para afrontar los retos de este momento tan cambiante, haciendo alianzas estratégicas y disfrutando tanto como podemos.

Agradecimientos
Hoy, después de conocer a Álvaro Mendoza y a Luis Eduardo Barón, se nos han abierto grandes posibilidades de crecer el

negocio y de emprender nuevos negocios.
Muchas gracias a ellos.

Unas Recomendaciones

Amigo lector: ánimo, coraje, creencia, entusiasmo, perseverancia, espíritu de aprender, espíritu de conocerse a sí mismo, tolerancia con usted y con los demás, valor, confianza, determinación, capacitación y espíritu de aventura, necesitará para su viaje. <u>Es hora de Tomar Acción.</u>

En el inicio de este capítulo compartí una técnica, que me ha ayudado de una manera importante. Pienso que toda persona necesita un apoyo emoción autodirigido y autónomo, para lograr su potencial. Llevo practicándola durante 8 años y dando entrenamientos desde 2010 cuando hice el curso de Profesional de Vivation en Estados Unidos el señor Paul Hughes, presidente de Vivation Internacional. También me entrené con el señor Demian Zur Strassen.

¿Quién soy?
Soy un ser humano que me apasiona el emprendimiento, conocer sobre nuestra psicología, salud, comportamiento y sobre el mejoramiento personal en todos los ámbitos. Tengo 53 años. Casado desde hace 18 años, luego de un noviazgo de 10 años. Vivo en Bogotá, Colombia.

Me pueden ubicar en:

Celular o móvil (57) 310-320-8666.
En el teléfono de Induworker: (57) (1) 224-6365.
Página Web: www.potenciamientohumano.com

La Internet, el Comercio Electrónico y las Nuevas Competencias en los Negocios

Por Víctor Benjamín Plaza Vidaurre

Deseo empezar este capítulo presentándome. Soy Víctor Benjamín Plaza Vidaurre de Lima, Perú, me gusta la natación como deporte, asisto con mucha alegría y entusiasmo a una escuela rural 0695 en el departamento San Martín en el interior de mi país, mis mentores en el desarrollo de mi carrera en Internet son Álvaro por varias décadas y Luis Eduardo algunos lustros en los que hemos ido cultivando una amistad sin parangón.

Tengo un grado académico de doctor, experto en estrategia, me desempeño como profesor universitario, actualmente soy vicerrector de investigación de la Universidad Peruana de Ciencias e Informática, asimismo tengo una consultora desde hace varios años cuyas competencias consisten en asistir, apoyar a los negocios a que sean rentables, que incrementen sus ventas, que desarrollen nuevos mercados, hemos obtenido logros en la industria farmacéutica, la industria de bienes inmuebles, la industria del caucho para proveer productos a las empresas mineras, la industria textil.

Ahora les presento un caso real que tiene mucho contenido estratégico, producto de una investigación considerando las características sociales y económicas de un ejemplo de éxito de emprendedores en Lima, Perú. Es el caso del emporio comercial de Gamarra.

Introducción

Es importante señalar lo que aporta Quero (2008) quien afirma que la economía mundial vive momentos de cambio caracterizados por procesos como: la globalización, los avances científicos y tecnológicos, el desarrollo de la comunicación, el nivel de demanda de productos de alta calidad, entre otros, los cuales han modificado los patrones de producción de todo el mundo, generando un notable incremento de las corrientes de comercio e inversión, contexto dentro del cual se encuentran inmersas la mayoría de las organizaciones, por lo que es importante conocer qué rol cumple la educación formal e informal, los saberes culturales en este panorama económico palpitante y de tanta actualidad.

La economía está dirigida por la información y el conocimiento, por tanto el conocimiento se constituye en el factor clave para la generación de riqueza económica (Mathison, Gándara, Primera & García, 2007), de ahí la importancia de atender el factor educativo como clave para la obtención de generación de riqueza individual, grupal, empresarial corporativa.

Dos son las guías en el siglo XXI que definirán nuestros negocios, tener una ventaja competitiva y lograrlo a través de competencias educacionales como segunda guía.

Son tres los conceptos que se deben considerar en el tema de las ventajas competitivas, el primero es la productividad, el segundo la competitividad y el tercero el uso de la cadena de valor de nuestro negocio. A continuación abordaremos cada uno de ellos.

Smith (1997: 9) expresa que "la división del trabajo, en cuanto pueda ser aplicada, ocasiona en todo arte un aumento proporcional en las facultades productivas del trabajo".

La eficiencia se mide por el costo de los insumos necesarios para generar determinado producto. Cuanto más eficiente sea una organización, menor será el costo de los insumos requeridos para crear cualquier producto. Por consiguiente, la eficiencia ayuda a que una firma logre una ventaja competitiva de bajo costo, para reducir el costo de insumos mediante la relación con los proveedores, su capacidad para funcionar sin publicidad, su carencia de burocracia y la alta productividad del empleado, en conjunto, destacan su habilidad para ofrecer a los consumidores bienes de alta calidad a un precio razonable. Es decir, todas las habilidades refuerzan la ventaja competitiva con base en los costos. Una de las claves para lograr alta eficiencia consiste en utilizar los insumos en la forma más productiva posible.

El componente de la eficiencia más importante para la mayoría de las compañías es la productividad del trabajador, la cual usualmente redime teniendo en cuenta la producción por empleado. Al tener como constante esta condición, la empresa con la mayor productividad por trabajador en una industria usualmente tendrá los menores costos de producción. En otras palabras, esa organización tendrá una ventaja competitiva con base en sus costos. El producto, es un factor endógeno de la organización o sea interno, cuando una organización es productiva no ingresa en el análisis de los competidores, sino en el uso racional y eficiente de sus recursos.

Siendo la productividad una relación entre la producción y los factores, uno de ellos es la educación de los trabajadores, por ende la competencia educacional se hace presente de forma directa en la productividad.

En los negocios por Internet
Luis Eduardo Barón incide sobre la productividad del tiempo y en verdad es un signo de estos momentos de este siglo que va

amarrado a la programación de actividades, y saber distinguir ente lo importante - urgente como un todo entre lo importante, lo urgente por separado y lo rutinario, y lo refrendó Luis Martitegui hace poco en una conferencia antes del evento Los Maestros de Internet 2014. Él espetaba que la productividad del tiempo es fundamental en la rapidez en hacer las cosas, la rapidez de poner el producto en el mercado, la rapidez en analizar las estadísticas que en Internet es muy rápido a diferencia de la comercialización de otros productos y ver su aceptación del famoso método AIDA, (Atención, Interés, Deseo, Acción) y esto se logrará con una o varias páginas de captura y venta adecuadamente relacionadas normalmente apoyadas por páginas de contenido que son más estratégicas que tácticas, como bien, lo reseña Álvaro Mendoza en su cursos muy bien estructurados, y la importancia del *marketing* de respuesta directa como un elemento trascendente y aquí pasamos a la competitividad.

Competitividad

La competitividad ya es la acción de saber cómo me encuentro con mis competidores en precios, volumen de ventas, costos, alianzas estratégicas caducas o nuevas y por ende cómo debemos ser eficientes.

Según Bueno & Morcillo (Citado en González, 2000) el concepto de competitividad no es más que el reflejo de las capacidades que tienen las empresas para poder competir y lograr una mejor posición relativa frente a sus competidores. La empresa debe desarrollar una estrategia de valorización de sus competencias básicas distintivas a través de un aprendizaje continuo, enmarcado dentro de las pautas previamente fijadas en su visión, misión y filosofía empresarial; ya que ese proceso de adiestramiento continuo exige el compromiso, la motivación y la participación de todas las personas implicadas en el proyecto empresarial.

Dadas la creciente competitividad, globalización y constantes cambios, algunos especialistas se han preguntado ¿Cómo puede una organización resistir los cambios imprevistos, mejorar la competitividad y diferenciación de la empresa, atender mejor a los clientes, diferenciarse de las demás empresas, siendo la mejor en el ramo?

Definitivamente la respuesta está en el factor educativo. Es evidente que el éxito de una organización depende en gran medida del aprovechamiento del conocimiento y habilidades, de la creatividad innovadora y de la motivación tanto de su personal como de sus aliados (proveedores, colaboradores o los propios ciudadanos-clientes usuarios de los servicios), así como del aprendizaje organizativo, todos ellos circunscritos a la cadena de valor de la organización que se retroalimentan para mejorar la cultura de la misma. Lo cual surge al considerar a las empresas como entidades de aprendizaje, organizaciones que gestionan la información y generan conocimientos que se plasman en productos y procesos productivos nuevos o mejorados, es decir, en innovaciones (Mathison et al. 2007).

En la siguiente figura se muestra la importancia que tiene el aprendizaje y la innovación como medios y vías para alcanzar mejoras continuas en las empresas.

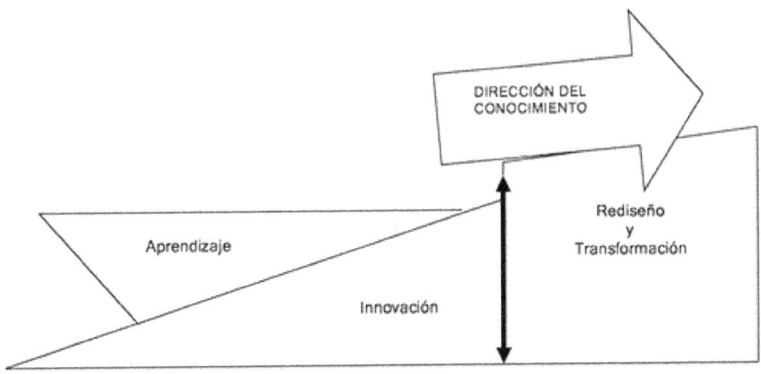

Figura 2: Proceso de mejora continua a través del aprendizaje y la innovación.
Fuente: Martín, 2004 Citado en Mathison et al. 2007, con modificaciones.

Por ende la Internet ha cambiado nuestras vidas, nuestras organizaciones y las sigue cambiando, lo trascendente es el aprendizaje continuo al que nos vemos impulsados permanentemente.

Autores como González (2000) consideran que la generación de ventajas competitivas sostenibles y ampliables en el mediano o largo plazo deben fundamentarse no tanto en la búsqueda de sectores, empresas, productos, con oportunidades especiales; sino en el aprendizaje continuo capaz de crear esas competencias distintivas o habilidades impulsoras reales de las ventajas competitivas, centradas en los conocimientos y capacidades que son necesarias para desarrollarlos y posicionarse de una manera efectiva en el mercado.

**CASO Pequeñas y Medianas Empresas Textiles
GAMARRA –LIMA, PERÚ**
Las ventajas competitivas del conglomerado de Gamarra se establecen en dos variables trascendentes.

Cadena de valor y Funciones y flujos de los canales de *marketing*
Desde el punto de vista de la cadena de distribución, los mercados son lugares de destino y flujo hacia ellos y tiene un carácter lineal, don Schultz de Northweatrhn University dice que no solo sirven para facilitar **"el flujo del sistema sino también en las soluciones que buscan los consumidores..."** y es aquí en donde el emporio de tiendas de Gamarra tiene

dos situaciones excelentes:
La situación geográfica.
La variedad de oferta en las tiendas.

En lo referente a la producción se puede apreciar que Gamarra está constituido por un elevado número de pequeñas empresas que producen una gran variedad de productos y que, en conjunto, ofertan cantidad de confecciones con la finalidad de abastecer a las clases popular y media de Lima, e incluso a provincias.

Para atender a esta demanda los confeccionistas compran a los proveedores de tela 35 TM/día. En época de Navidad la compra de telas llega a 100Tm/día.

"En Gamarra se concentran aproximadamente 15 mil unidades económicas de producción, comercio y servicios, lo cual significa el 45.37 por ciento de los talleres de costura y el 37.84 por ciento de las *boutique* de Lima Metropolitana".

Y, en pleno proceso de modernización y crecimiento de los supermercados y tiendas por departamentos, este emporio comercial y productivo de confecciones goza del 57 por ciento de preferencia de los consumidores de este segmento

Características de sus talleres de producción
El mercado regula los precios, también la calidad, expectativas, tiempo de entrega, normalmente no tiene planes anuales por lo que se requiere atención inmediata.

Los precios normalmente se estandarizan y el valor es a través de reducción de costos trabajando al destajo la mano de obra y los demás trabajos en taller, siendo el corte el elemento más importante de la confección.

Se tiene materia prima, poco inventario –el abastecimiento es "just in time" – por la poca capacidad financiera, poca capacidad de almacenamiento y gran oferta en el mercado de insumos necesarios.

La manufactura, el operario y el acabado son los recursos claves.
La maquinaria de los talleres normalmente su situación es de obsolescencia en todo Gamarra.
Los recursos claves más caros son la energía eléctrica, la seguridad de los locales.
Se les cobra independientemente.
El valor de las tiendas va desde 5,000 a 20,000 dólares el metro cuadrado.

COMPETENCIAS EDUCACIONALES

Las competencias son repertorios de comportamiento que algunas personas dominan mejor que otras, lo que las hace eficaces en una situación determinada. Las competencias representan pues un nexo entre las características individuales y las cualidades requeridas para llevar a cabo misiones profesionales precisas (Levy-Levoyer, 1997).

Normalmente las organizaciones formulan una visión de futuro que les permita alcanzar ventajas competitivas que las diferencien de los diversos competidores; las competencias educacionales son el basamento que permite la alienación de esta visión de futuro de la empresa, así como del devenir productivo de cada integrante de la misma, esto significa que los trabajadores, funcionarios y gerentes sepan utilizar adecuadamente los instrumentos, las máquinas, los equipos en aras de una mayor productividad.

Sin embargo, considerando la importancia de educar, es que

el liderazgo es fundamental en estas situaciones, ya que la educación permite obtener el mejor talento de las personas, así como el lograr en ellas una permanente satisfacción en el aprendizaje a través ya sea de sus compañeros o diferentes mediadores, así como del capital intelectual que la empresa le proporciona.

Normalmente este capital intelectual se manifiesta a través de los resultados que tiene la organización al enfrentar diferentes escenarios en el medio ambiente externo y en la optimización de sus recursos y capacidades, en las que en muchos casos, son intangibles y que logran la innovación y por ende conseguir que la organización sea una organización inteligente, que tenga como característica el "aprender a aprender" y desestimar aquellos conceptos, paradigmas, procedimientos con los cuales ha estado laborando.

Es por esta razón que las competencias educacionales se comportan como una savia en una planta que permite la alimentación misma desde las raíces mismas, es decir, los valores, la filosofía misma y la ética de la organización, así como su infraestructura material dando por consiguiente un producto que tendrá intangibles, como la percepción de ellos al consumirlos o un valor tangible como es la satisfacción de una necesidad relacionada a sus aspectos comerciales.

Por otro lado, existe un componente neuropsicológico según expresa (Gardner, 2001) susceptible de ser activado por las condiciones socioculturales, esto es por la educación y la enseñanza; es posible asumir que la génesis y el desarrollo de las competencias sean de carácter social (y no biológico) en consecuencia "implica que son las prácticas interpretativas de una comunidad particular, las variaciones o presuposiciones compartidas de un colectivo, las que en última instancia determinen y legitimen el nivel de comprensión inicial o experto que un individuo puede tener frente a una tarea o problema determinado". (Gómez, 2001: Yáñez, 2000).

Por ende se observa que la influencia de la educación en las competencias se presenta a nivel individual y a nivel grupal con una serie de valores que determinan la forma más adecuada y eficiente de desarrollar actividades en beneficio de los procesos ya sean laborales o de características sociales. En el ámbito social las conductas percibidas normalmente por los individuos que ejercen una responsabilidad en una organización con o sin fines de lucro, permiten que una de sus características de liderazgo sea el poder asignar las personas diferentes tareas de acuerdo a sus competencias ya sea en el uso de instrumentos, herramientas o equipos que permitan normalmente un correcto desenvolvimiento aunado a las capacidades inherentes de cada individuo en base a su formación personal, académica, así como a las características medio ambientales en donde se ha desarrollado.

El Comercio Electrónico en las Tiendas de prendas Gamarra – Lima, Perú

Se puede afirmar que existe vinculación entre el comercio electrónico y las ventajas competitivas de las organizaciones que están utilizándolo.

Dicha vinculación puede ser explicada en primer lugar por el énfasis que las empresas han puesto en el uso del medio digital en la labor de transmitirles conocimientos a sus prospectos de clientes sobre la variedad de productos, ofertas y oportunidades del uso del tiempo para sus adquisiciones, así como con sus proveedores de insumos componentes de su máquinas y distribuidores fuera de su centros de producción y comercialización en provincias al interior del país como en el extranjero, y como información en los diferentes niveles del gobierno como Promperú y las agencias comerciales en el exterior así como hacer conocer las normas técnicas y certificaciones que piden los clientes externos en las características de las materias primas, formación a sus proveedores de insumos en estas labores educativas, como por ejemplo, el estudio del cuidado del hilado, la relación con el empaque, la importancia del uso de los agroquímicos, fertilizantes, pesticidas, a través de muchos programas realizados con instituciones públicas como el Servicio Nacional de Sanidad Agraria (SENASA), la Universidad Nacional Agraria de La Molina y otras universidades extranjeras especializadas en labores agrícolas, sobre todo en el algodón que adquieren y sus secuelas en la producción final de la calidad de sus productos.

Debe señalarse que si bien es cierto algunas empresas tienen muy pocos planes de capacitación del comercio electrónico debidamente organizados, otras utilizan la metodología de *training in job*, es decir, capacitación sobre el trabajo.

Una competencia que está íntimamente ligada a la Competencia Educativa, es la Competencia de la Responsabilidad Social que permite que las empresas cuiden, estimulen y favorezcan condiciones apropiadas de educación, en sus trabajadores.

Esta competencia define la importancia del trato al trabajador en muchos aspectos sobre todo a la relación con la plana gerencial de la empresa, y se da de mutuo acuerdo, observándose un sector muy favorecido en este aspecto ya sea por las presiones de las certificadoras por programas como el comercio responsable con la Unión Europea por el deseo del bien común que tienen los empresarios.

El 10 de junio de 2013 con la Unión Europea se establecieron acuerdos que contienen disposiciones de largo alcance en la protección de los Derechos Humanos y el Estado de Derecho, así como compromisos para aplicar efectivamente los convenios internacionales en materia de derechos laborales y en la protección del medio ambiente. Organizaciones de la sociedad civil participarán sistemáticamente en el trabajo para vigilar el cumplimiento de estos compromisos.

Los Canales de *Marketing* y el Comercio Electrónico en Tiendas Gamarra
Las organizaciones que utilizan el comercio electrónico han ampliado sus canales de *marketing* logrando márgenes que oscilan entre el 30 a 50 por ciento del precio final de venta, en contraste con la publicidad que representa entre el 5 y 7 por ciento los canales de *marketing* también representan un costo de oportunidad importante. Una de las funciones de los canales de *marketing* es lograr que los compradores potenciales realicen pedidos rentables, **los canales de *marketing* no solo deben mantener mercados sino crear mercados.**

Las empresas de Gamarra que están utilizando el comercio electrónico con sus clientes y proveedores ya sea desde una comunicación primaria vía *e-mail*, usar páginas de contenido, algunas ya páginas de captura y venta, y otras el intermedio, el pago de sus facturas con sus clientes y proveedores y el pago de sus impuestos con el estado han logrado lo siguiente:
· Ventas por catálogo electrónico.
· Almacenamiento barato fuera de sus tiendas físicas, es más cercano a sus nichos de mercado ya seleccionados por Internet.
· Permiten que los producto se encuentren listos y a cualquier hora para cualquier individuo con acceso a Internet.
· Entrega si lo requiere el cliente a su domicilio en fecha y hora programada.
· Contacto interactivo en tiempo real.
· La dificultad de contacto físico con producto se reemplaza

por el costo de oportunidad ya que en Lima- Perú el tráfico y transporte es un caos que requiere que se asignen fechas y horas especiales para visitar tiendas lo que dificulta las transacciones comerciales.

· Permitir hacer transacciones como la banca por teléfono vía Internet.

De las entrevistas en profundidad, de las observaciones realizadas durante la investigación y del análisis estadístico, se han observado las siguientes características de los compradores del emporio de Gamarra que involucra a los diferentes tipos de tiendas.

Compradores Habituales.- Compran en los mismos establecimientos y del mismo modo son normalmente las personas mayores de 30 años de diferente género y lo hacen por temporadas, invierno, verano otoño, primavera, pueden ir a diferentes sitios en los diferentes estacioneros de las mismas tiendas. Normalmente las tiendas ya han establecido contacto con ellos por medio del correo electrónico, pero les gusta la prueba física ya sea porque han cambiado de talla o porque les gusta el paseo a esa *marketplace*.

Buscadores de las mejores ofertas.- Conocen específicamente sus necesidades y "navegan" mucho antes de comprar al precio más bajo posible, normalmente son personas entre los 24 y 40 años, profesionales jóvenes, matrimonios jóvenes de ingresos medios o bajos pero con gran capacidad de movilidad, y saliente de fin de semana en búsqueda de ofertas. Normalmente son personas de buen carácter pero no se identifican con ninguna marca, son compradores de ocasión, compulsivos, se observa que las tiendas **normalmente no realizan esfuerzos en conseguir sus *e-mails*, por lo que se pierden grandes oportunidades de negocio con este tipo de comprador** que normalmente es influenciado por ofertas en los últimos días del mes o de la quincena que es cuando acceden a recursos salariales, y el tiempo de permanencia en las tiendas es mayor en algunas tiendas si utilizan más agresivamente el diseño de interiores de tiendas; normalmente compiten con las tiendas por departamento, sin embargo, Gamarra tiene más posibilidad por la gran cantidad de ofertas.

Compradores amantes de la variedad.- Recopilan información de diferentes canales dentro de ellos "Internet", aprovechan la información "boca a boca", después compran en su canal favorito independientemente del precio, este tipo de comprador involucra un espectro mucho mayor de edades y clases sociales. Normalmente se les denominan los seguidores, les gusta ser medianamente pioneros buscan según sus criterios "la calidad", por ejemplo, en el emporio de Gamarra son las tiendas mixtas, o de damas o de niños que sus productos les ha dado resultado, normalmente las madres de familia en etapa escolar asisten a esto establecimientos buscando calidad de sus productos, que han sido proporcionados por otras madres de familia. Otro ejemplo, trajes de novia, útiles deportivos específicos por deporte, etc., las tiendas no han establecido con ellos los canales de *marketing*, lo cual es una pérdida de ingresos, ya que este tipo de personas utiliza el costo de oportunidad por el tiempo como factor económico.

Compradores con altos niveles de implicación.- Reúnen información de todos los canales, compran en el que les ofrece mejor precio pero aprovechan los servicios de contacto personal…utilizan mucho la Internet en su búsqueda… en Gamarra estos son los mayoristas o los importadores del extranjero y negocian directamente con los productores el abastecimiento logrando grandes negocios, sin embargo, su importancia radica en las facilidades de crédito financiero que le proporciona a los pequeños productores con la finalidad de poder obtener de ellos los productos en las fechas programadas, en Gamarra el 25 por ciento (fuente propia) de las tiendas productoras-comercializadoras están comprometidas con este tipo de cliente.

Los Tipos de Comercio Electrónico

Se encontró que el B2B con las organizaciones financieras tipo banco es el más común por la facturación, en menor escala con los organismos del Estado y en mucha menor escala con empresas y organizaciones algunas de ellas con proveedores sobre presupuesto, se observa que el B2C recién empieza a tomarse en consideración ya sea por el deseo de tener los correos de los clientes y/o agruparse en algunos portales en forma incipiente, es un cambio de mentalidad, ya que el negocio como estuvo planteado desde el comienzo en el modelo de negocio era que ellos producían sus prendas y los cliente asistían a Gamarra por sus medios a buscar, encontrar y adquirir prendas.

Canales

Se utiliza la Internet como canales de comunicación solo con el Estado, se participa en los cuadros históricos y concursos públicos.

Con la empresa privada se encuentran establecidas redes de contacto por experiencia con los encargados logísticos de abastecimiento que hacen pedidos de acuerdo a *stock*.

A los prospectos, clientes o consumidores finales no se dirigen con páginas de captura y de ventas adecuadas, las páginas Web que tienen solo son de contenido por lo cual únicamente son informativas.

Carecen de servicios automatizados. Sin embargo, se observa

ya un crecimiento con los móviles del comercio electrónico.

Otra competencia trascendental es la relacionada al entrenamiento en el puesto de trabajo que ha permitido una mayor productividad del trabajador en sus horas laborables.

CONCLUSIONES

Luego de revisar los resultados de la presente investigación se tienen las siguientes conclusiones:

Existe una vinculación entre las Ventajas competitivas y el Comercio Electrónico en las empresas de éxito existentes de Gamarra, observándose que se encuentra en las pequeñas o medianas en sus inicios ya que usan el medio digital como elemento primario de contacto con proveedores o clientes, si se usa como medio de pago con instituciones financieras.

Es conveniente que desarrollen una plataforma tecnológica que involucre aspectos de *Customer Relation Management* (CRM) y *Enterprise Resource Planning* (ERP).

Es importante que desarrollen plataformas tecnológicas tipo portal que beneficien la búsqueda y contacto en el mercado interno y el mercado externo.

En relación al análisis del comercio electrónico más adecuadas y resaltantes, se encontró que la competencia comunicacional entre la tienda y los clientes es fundamental, o sea, el *marketing* de respuesta directa; así como la relacionada al entrenamiento en el puesto de trabajo al aprendizaje significativo que ha permitido un mayor rendimiento del trabajador en sus horas laborables.

Las ventajas competitivas que utilizan con mayor frecuencia las empresas del sector, se refieren a la productividad del producto en su volumen de demanda, al manejo adecuado de la cadena de valor, sobre todo en la logística externa al canal de distribución en provincias y a nivel regional como actividad principal, así como al manejo adecuado en sus entregas y trato adecuado a los clientes, siendo la Internet una herramienta de contacto través del *e-mail* de consulta y en muchos casos de oficializar sus contratos.

Investigación preparada por el doctor Víctor Benjamín Plaza Vidaurre, gerente general de Plaza Consultores.

.

www.ingramcontent.com/pod-product-compliance
Lightning Source LLC
Chambersburg PA
CBHW051908170526
45168CB00001B/294